세계 시민 수업

아동 노동

세계 시민 수업 ❹

아동 노동

세계화의 비극, 착취당하는 어린이들

공윤희, 윤예림 글 | 윤봉선 그림

풀빛

차례

수업을 시작하며 6

01 도대체 아동 노동이 뭐예요?
아이들은 일을 하면 안 되나요? 12
학교에 가는 건 우리 권리예요 17
우리는 분노해야 합니다! 23
꼬마 시민 카페 착한 물건 vs 나쁜 물건 26

02 방글라데시에는 그림자 공장이 늘어난대요
이름도 없는 '옷 공장' 아이들 30
패스트 패션의 비밀 34
돌고 도는 옷 공장의 운명은? 39
왜 엠마 왓슨은 방글라데시에 갔을까? 44
꼬마 시민 카페 같은 옷 다른 가격 48

03 우즈베키스탄 아이들이 학교를 가지 못하는 이유
목화솜 주머니를 짊어진 아이들 52
욕심 많은 정부 때문에 괴로워요 56
우리나라가 비난을 받는다고요? 61
공정 무역 목화로 만든 공정한 교복 64
꼬마 시민 카페 목화로 사라져 가는 아랄해 68

04 인도네시아 팜 농장의 비밀
아리프는 왜 팜 농장에 갔을까? 72
다국적 기업이 곧 법이에요 75
팜유를 꽁꽁 숨겨라 79
팜유의 이름을 찾아 주세요 82
꼬마 시민 카페 땅을 뺏지 말아 주세요 86

05 코트디부아르 초콜릿은 왜 유명하지 않을까요?
초콜릿 회사를 소송한 카카오 농장 아이들 90
2,000원으로 하루를 산다는 것은 어떤 의미일까? 94
자유 시장은 자유롭지 않아요 98
해리 포터가 악당과 싸우는 법 100
꼬마 시민 카페 초콜릿은 누가 먹을까? 104

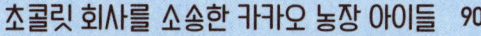

06 나의 하루를 바꾸면 아동 노동이 사라진다
누가 내 옷을 만들었을까? 108
서명으로 세상을 바꿔요 112
오늘은 팜유 없는 날! 116
공정한 초콜릿의 마법 121
꼬마 시민 카페 모두가 행복한 영국 공정 무역 마을 126

수업을 마치며 128

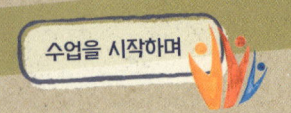

내가 쓰는 물건은 누가 만들까?

"우리는 아침에 일터로 나가기 전에 이미 세계 절반의 사람들에게 신세를 지고 있습니다."

세계적인 인권 운동가 마틴 루터 킹이 한 말이에요. 마틴 루터 킹은 자유와 행복을 누리지 못하는 흑인들의 권리를 지키고, 경제적 불평등을 없애려고 노력한 사람이에요. 사람이 사람답게 살 권리를 위해 평생을 싸워 온 그가 왜 이런 말을 했을까요?

잠깐 시간을 내어 나의 하루를 돌아본다면, 여러분도 마틴 루터 킹의 말을 이해할 수 있을 거예요. 우리는 방글라데시 사람들 덕분에 최신 유행하는 예쁘고, 멋진 옷을 저렴한 가격에 살 수 있게 됐어요. 배가 고프면 쫄깃한 면발의 컵라면을 먹을 수 있는데, 인도네시아산 팜유 덕분이지요. 달콤한 초콜릿은 지구 반대편 코트디부아르에서 자란 카카오 열매로 만들어진 거예요. 마지막으로 이 모든 물건들은 우즈베키스탄 목화로 만든 지폐로 산 것이에요. 이렇게 우리 하루는 물건을 통해 이미 세계 절반이 넘는 사람들과 연결되어 있답니다.

    이렇게 된 데에는 세계화의 영향이 커요. 세계화란 지구가 마치 한 마을인 것처럼 다른 나라와 정치, 경제, 문화, 과학 등 여러 분야에서 교류가 활발해진 현상을 말해요. 현재 우리는 세계화의 혜택으로 과거에는 상상할 수 없었던 풍요로움을 누리고 있어요. 열대 지방에서 자라는 과일을 동네 슈퍼에서 사 먹을 수 있고, 이 나라 저 나라로 여행도 쉽게 할 수 있지요. 세계 여행을 하는 건 사람만이 아니에요. 물건 역시 세계 곳곳을 여행하며 만들어지고 있으니까요. 한 나라에서 목화를 따면, 다른 나라에서 천을 만들고, 또 다른 나라에서 옷을 만들어요. 이처럼 세계화는 여러 나라 사이에 무역이 자유로워지고, 자본이 국경을 넘게 만들었어요.

    사람들은 세계화 덕분에 세상이 점점 더 살기 좋아진다고 말해요. 기업은 어느 나라에서나 물건을 팔 수 있고, 소비자는 다른 나라에서 온 물건을 저렴하게 구입할 수 있어서 모두에게 이롭다고 하죠. 가난한 나라 사람들에게 일자리도

 줄 수 있다고 해요. 여러 나라에 기업을 갖고 있는 다국적 기업이 가난한 나라에 공장이나 농장을 만들어 사람을 채용할 테니까요.
 그런데 정말 우리 모두는 더 잘살게 됐을까요? 안타깝게도 세계화 이후로 세계 빈부 격차는 점점 극심해지고, 전 세계 아이들 중 10퍼센트가 꿈을 포기한 채, 가혹한 노동 현장에서 일하고 있어요. 어린이들이 학교에 가거나, 안전한 집에서 부모와 함께 사는 대신, 밥을 굶은 채 하루 10시간 이상 고된 노동을 하며, 일한 대가도 제대로 받지 못하는 세상, 어떻게 된 일일까요?
 국경을 넘나드는 자유로운 무역 거래로 우리가 누리는 혜택이 늘어난 것은 사실이에요. 1950년 전 세계 무역량은 약 618억 달러였지만 2015년에는 약 16조 5천5백억 달러로 무려 1,200배가 넘는 어마어마한 성장을 했으니까요. 하지만 가난한 나라 생산자들의 삶은 크게 나아지지 않았어요. 일자리는 늘어났지만 가난에서 벗어날 수 없었거든요.

　　다국적 기업은 일감을 놓고 가난한 나라 기업들에 가격 경쟁을 붙여요. 기업들은 경쟁에서 이기려고 생산비를 줄이려고 노력해요. 그 결과 방글라데시 옷 공장은 성인보다 임금이 저렴한 아이들을 고용해요. 또, 다국적 기업은 하루에 끝낼 수 없을 정도로 많은 일을 시켜요. 인도네시아 팜 농장에서는 감당하기 힘든 작업량을 끝내려고 부모가 아이까지 데려와 일을 해요. 그뿐만이 아니에요. 아무리 많은 초콜릿이 팔려도 인부를 고용할 돈이 없는 코트디부아르 카카오 생산자들은 인신매매로 잡아 온 아이들에게 일을 시키고, 탐욕스러운 우스베키스탄 정부는 버젓이 학교 문을 닫고 아이들에게 목화를 따게 해요. 이런 점에서 아동 노동은 세계화가 가져온 비극이나 다름없어요. 도대체 세계화가 어떻게 아이들을 일터로 내몰게 된 걸까요? 아동 노동이 나의 일상과 얼마나 가깝게 연결되어 있을까요? 지구별에서 일어나고 있는 안타깝고 슬픈 아동 노동에 대해 함께 알아봐요. 지금까지 몰랐던, 물건에 감춰진 놀라운 이야기를 만날 수 있을 거예요.

# 도대체 아동 노동이 뭐예요?

'아동 노동'이라고 하면 어떤 모습이 떠오르나요?
무겁고 날카로운 연장을 들고 농장에서 일하는 아이들,
얼굴에 검은 먼지를 잔뜩 뒤집어 쓴 아이들,
좁은 공간에 쭈그려 앉아 옷을 꿰매는 아이들이 그려질 거예요.
공부하며 꿈을 키우는 대신, 어른들을 도와 일을 하는 아이들이지요.
그런데 아이들은 일을 하면 안 되는 걸까요?
왜 아동 노동이 문제라고 하는 걸까요?
이번 수업에서는 아이들이 일한다는 건 어떤 의미인지 제대로 살펴봐요.

아이들은 일을 하면 안 되나요?

"어서 오세요."

수요일 저녁, 편의점 문을 열고 들어가니 교복을 입은 17살 윤지 언니가 반갑게 인사를 해요. 언니는 손님들이 고른 물건을 계산하거나, 진열대에 과자를 채워 넣고 있어요. 윤지 언니가 일하는 이유는 용돈을 벌기 위해서예요. 윤지 언니는 어른이 아닌데 일을 해도 될까요? 아직은 잘 모르겠다고요? 그럼 다른 사례를 들려줄게요.

"소미야, 잠깐 엄마 좀 도와줄래?"

일요일 오전, 11살 소미는 엄마가 운영하는 식당에서 수저통에 수저를 가지런히 놓고 있어요. 초등학생 소미가 엄마를 도우면 안 되는 걸까요?

아동 노동이라고 할 때, '아동'은 성인이 되지 않은 18세 미만 어린이와 청소년을 의미하고 '노동'이라는 말은 생활에 필요한 물건과 음식을 얻기 위해 일을 한다는 뜻이에요. 두 단어를 합친 '아동 노동'은 '18세 미만 어린이와 청소년이 생활에 필요한 물건과 음식을 얻기 위

해 일을 한다.'는 말이죠.

 우리 나라에서는 윤지 언니처럼 부모님 동의서가 있으면 고등학생도 일을 할 수 있어요. 하지만 아직 어른이 아니기 때문에 밤 10시가 넘어서까지 일을 하는 건 안 돼요. 무리하게 일하면 성장에 방해가 되고, 다음 날 학교 수업에 집중하지 못하거든요. 중학생이라고 일을 못 하는 건 아니에요. 중학생도 부모님 동의가 있다면 학교가 끝난 후에 아르바이트를 할 수 있어요. 또, 초등학생도 소미처럼 부모님 가게에서 간단한 일을 하거나, 집에서 설거지나 청소를 하고, 가족이 키우는 소에게 풀을 먹이는 일처럼 성장에 무리가 가지 않는 '가벼운 일'은 해도 괜찮아요. 그럼 도대체 어떤 게 아동 노동이라고 할 수 있을까요?

 "내일도 늦지 않고 와야 돼!"

 12살 민수는 월요일부터 금요일까지 하루 종일 신발을 만들어야 해요. 민수가 일을 하는 이유는 부모님에게 도움이 되고 싶기 때문이에요. 부모님을 도우려는 민수 마음은 착하지만, 이러한 경우는 아동 노동에 해당해요. 국제 노동 기구는 민수처럼 의무 교육을 마치지 않은 아이가 오랜 시간 일을 한다거나, 위험한 일을 하는 걸 아동 노동으로 정의하고 있어요.

 그렇다면 아동 노동을 금지하는 이유는 무엇일까요? 아동기는 몸과 마음이 아직 덜 자란 시기로, 건강한 어른으로 성장하는 데 노력해야 할 중요한 때예요. 그런 아동기에 어린이가 고된 노동을 하면 정상적으로 신체가 발달하지 못할 수 있어요. 또한 어린이가 감당하기 힘든 스트레스로 건강하지 못한 정신을 갖게 될 수도 있어요. 그뿐만 아니라 일을 하느라고 제대로 학교 교육을 받지 못해, 성인이 되었을 때 할 수 있는 일에도 제약이 따를 거예요.

아이들이 적절한 시기에 지속적으로 교육을 받고, 몸과 마음이 건강한 어른으로 자라 원하는 직업을 갖고 꿈을 이룰 수 있도록 돕는 게 이 사회와 어른들이 해야 할 일이에요. 그런데 아직도 세계에는 극한 노동으로 고통받는 아이들이 있어요. 국제 노동 기구에서는 이를 '가혹한 형태의 아동 노동'이라고 해요. 어떤 것들이 여기에 속하는지 예를 통해 알아볼게요.

"자전거 갖고 싶지? 아줌마가 자전거 사 줄게, 같이 가자."

어른들의 달콤한 거짓말에 속아 다른 나라나 지역으로 팔려 가는 아이들이 있어요.

인신매매를 당한 아이들 대부분은 노예처럼 갇혀서 하루 종일 일을

해요. 다시 가족을 만나기란 하늘의 별 따기나 마찬가지죠.

"적을 죽여야 네가 살 수 있어!"

어떤 아이들은 전쟁에 동원되기도 해요. 아이들은 군인들에게 끌려가 총을 들고, 사람들을 죽이라는 명령을 받아요. 전쟁에서 죽거나 부상을 당하고, 전쟁이 끝난 후에도 사람을 죽였다는 죄책감에 시달려

정상적인 생활을 하기가 힘들어요.

"빨리 안 들어가!"

어떤 아이들은 곧 무너질 것처럼 금이 간 건물이나 광산에서 위험한 일을 해요. 안전하게 보호해 줄 장비도 없이 일하기 때문에 건물이나 광산이 무너지면 목숨을 잃을 수밖에 없어요.

"이것만 주고 오면 돼."

무서운 어른들의 협박에 마약을 나르는 아이들도 있어요. 불법이라는 것을 알지만, 시키는 대로 하지 않으면 심하게 맞거나, 목숨을 잃을 수도 있기 때문에 거절할 수 없어요.

"아저씨가 만져도 가만히 있어야 한다."

음란한 비디오를 찍는 데 아이들이 이용되기도 해요. 도망가고 싶지만 어두컴컴한 곳에 갇혀 있기 때문에 밖으로 나갈 수 없어요. 간신히 도망쳐도 금방 잡히고 말 거예요.

이 밖에도 처벌을 받을까 두려워 어쩔 수 없이 일을 해야 하는 모든 형태의 강제 노동 역시 '가혹한 형태의 아동 노동'에 포함돼요. 그 숫자만 해도 8천5백만 명이나 돼요. 왜 사람들이 아동 노동을 없애야 한다고 말하는지, 이제 알겠죠?

학교에 가는 건 우리 권리예요

1919년 따스한 햇살이 내리쬐던 어느 봄날, 영국인 에글랜타인 젭 여사는 런던의 트라팔가 광장에 나와 사람들에게 전단지를 돌렸어요. 전단지에는 굶다 못해 앙상하게 뼈만 남은 두 아이의 사진이 있었어요. 게다가 사진만큼이나 충격적인 문장이 쓰여 있었어요.

'우리의 봉쇄 정책 때문에 수백만 명의 아이들이 굶어 죽고 있습니다!'

당시 유럽은 1차 세계 대전이라는 큰 전쟁의 소용돌이에 휘말려 있었어요. 연합국이었던 영국, 프랑스, 러시아는 전쟁을 일으킨 독일과 오스트리아가 괘씸했던 나머지, 이 두 국가와 단칼에 무역을 끊어 버렸어요. 이렇게 특정 국가와 왕래를 하지 않고 외톨이로 만드는 것을 봉쇄 정책이라고 해요. 1차 세계 대전은 1918년에 연합국의 승리로 끝이 났어요. 하지만 전쟁이 끝난 후에도 독일과 오스트리아는 다른 유럽 국가들로부터 소외를 당했어요.

독일과 오스트리아의 운명은 어떻게 됐을까요? 전쟁이 끝난 후, 오스트리아를 방문한 에글랜타인 젭은 봉쇄 정책이 만든 쓰디쓴 현실과 마주했어요. 식량과 생필품이 모자란 건 물론이고, 배가 고픈 아이들은 길거리를 돌아다니며 구걸을 하고 있었거든요.

에글랜타인 젭은 아이들의 처참한 상황을 그냥 보고만 있을 수 없었어요. 그녀는 국적이나 종교에 상관없이 아이들을 도와야 한다고 믿었거든요. 어떻게 하면 기아의 참상을 사람들에게 알리고, 구호 기

금을 모을 수 있을지 고민에 고민을
거듭했어요. 그러다 영국으로 돌아
온 후 전단지를 만들어 사람들에게
끔찍한 사실을 알리기 시작했어요.

하지만 영국 정부는 적으로 싸웠
던 나라에 도움을 주려는 젭의 행동
을 탐탁지 않게 여겼어요. 결국 그녀는 경찰에 체포되고
말았지요. 전단지를 배포하기 전에 정부 허가를 받지 않았다는 것이 이
유였어요. 예상했던 대로 재판은 그녀에게 불리하게 진행됐어요. 하지
만 젭은 주눅 들지 않고 자신이 이 일을 한 이유를 당당히 설명했어요.

"국적이 어디든, 정치적 신념이 무엇이든 관계없이 우리는 아이들
을 도와야 합니다."

재판 결과는 어떻게 됐을까요? 안타깝게도 잘못은 잘못이기 때문
에 유죄를 선고받았어요. 하지만 벌금으로 단돈 5파운드만 내라는 가
벼운 처벌을 받았어요. 굶주리는 아이들을 도우려는 착한 행동이었다
는 걸 인정받은 것이지요.

그 이후에 에글랜타인 젭은 어떤 일을 했을까요? 영국 정부가 여전
히 오스트리아 아이들을 도와줄 생각을 하지 않자, 여동생과 함께 '세
이브 더 칠드런'이라는 단체를 만들어 직접 돈을 모으기로 했어요. 세

이브 더 칠드런은 '아이들을 구하자.'라는 뜻이에요. 젭 여사는 모금을 위해 사람들을 불러 모았고, 로얄 알버트 홀은 사람들로 금세 꽉 차, 발 디딜 틈이 없었어요.

하지만 사람들은 강연을 들으려고 온 것이 아니었어요. 절반이 넘는 사람들 손에는 썩은 사과가 들려 있었거든요. 적을 돕자는 말도 안 되는 소리를 하는 에글랜타인 젭에게 던지기 위해서였어요. 험악한 분위기에 긴장감이 감돌았지만, 그녀는 포기하지 않고 차분히 말을 시작했어요.

"아무런 노력도 해 보지 않고, 아이들이 죽어 가는 걸 지켜만 보시겠습니까!"

그런데 뜻밖의 일이 벌어졌어요. 연설이 끝난 후에 사람들은 사과를 던지지 않았거든요. 예상과 달리 홀 안에는 야유가 아닌 박수 소리로 가득했어요. 사람들은 젭의 연설을 듣고 적에 대한 미움이 아닌 인간에 대한 따뜻한 마음에 손을 들어 준 거예요. 결국 그 자리에서 1만 파운드의 후원금이 걷혔고, 이 돈은 오스트리아의 수도 비엔나로 전달됐어요. 이후에도 에글랜타인 젭은 멈추지 않고, 위험에 처한 수많은 아이들을 구했어요.

하지만 기금으로는 한계가 있었어요. 여전히 많은 아이들이 보호받지 못한 채, 위험한 일을 하거나 굶어 죽어 갔어요. 그래서 어떠한 상황에서도 아이들은 보호를 받을 권리가 있다고 주장하는 '아동권리선언문'을 만들었어요. 권리는 모든 사람이 인간답게 살기 위해 누려야 할 것이에요. 당시 '아동권리선언문'의 일부를 살펴볼까요?

- 모든 아이들은 건강한 성장을 위해 물질적, 도덕적, 정신적 지원을 받아야 해요.
- 모든 아이들은 굶주림과 질병으로부터 보호받아야 하고, 정신적, 신체적으로 어려움을 겪는 경우 지원을 받아야 하며, 보금자리가 없는 아이들은 집을 제공받아야 해요.
- 모든 아이들은 재난이 발생할 경우 가장 먼저 도움을 받아야 해요.
- 모든 아이들은 교육을 받아야 하며, 모든 형태의 착취로부터 보호받아야 해요.
- 모든 아이들은 자신의 재능이 인류의 발전을 위해 사용되어야 한다는 것을 이해할 수 있도록 교육받아야 해요.

이 선언문이 바탕이 되어, 1989년에는 전 세계 아이들을 보호하는 '유엔아동권리협약'이 만들어졌어요. 어떤 나라에서 태어났든, 국적이 있든 없든, 인종과 종교에 상관없이 이 세상에 태어난 아동이라면 마땅히 보호를 받아야 하고, 학교에 갈 수 있는 권리를 갖게 된 것이

죠. 권리를 갖는다는 건 매우 중요한 일이에요. 나의 행복을 위해 사회에 당당하게 요구할 수 있는 게 무엇인지 알려 주기 때문이지요.

아동 노동 문제를 '가난하니까 어쩔 수 없는 일이야.' 또는 '가난하면 일을 할 수도 있지.'라고 생각하면 안 돼요. 아동 노동은 공부할 권리를 빼앗고, 더 나은 삶을 꿈꿀 기회를 박탈해 버리니까요. 대신 '저 아이들의 권리를 지켜 주세요.'라고 당당히 말해 주세요.

우리는 분노해야 합니다!

인도 소년, 카일라시 사티아르티는 평소처럼 학교에 가고 있었어요. 그런데 카일라시의 눈길을 끄는 한 아이가 있었어요. 교문 앞에 앉아 빵을 팔고 있는 또래 친구였어요.

'왜 교실에 들어가지 않고, 빵을 팔고 있는 거지?'

그 모습을 이해할 수 없었던 카일라시는 선생님께 여쭤봤어요. 하지만 선생님은 아무 대답도 하지 않았어요. 궁금한 것을 참을 수 없었던 카일라시는 결국 빵을 파는 소년의 아버지를 찾아갔어요.

"이 친구는 왜 학교에 가지 않나요?"

"저는 아이를 학교에 보내야 한다는 생각을 해 본 적이 없어요. 우리는 그저 일하기 위해서 태어난 존재거든요."

소년의 아버지는 머리를 조아리며, 최대한 공손하게 대답했어요. 어른이 왜 어린아이에게 존댓말을 쓰는지 궁금한가요? 인도에는 계급이 있어요. 우리나라도 조선 시대에 양반, 중인, 상민과 천민이라는 신분 제도가 있었다는 것을 알고 있죠? 신분 제도가 지금은 없어졌지만, 인도에는 여전히 계급이 존재해요. 카일라시는 소년의 아버지보다 더 높은 계급이어서 소년의 아버지가 어린 카일라시에게 존댓말을 한 거예요.

그 말을 듣고, 카일라시의 마음은 부글부글 끓어올랐어요. 무엇인가 잘못되고 있다는 생각에 분노를 느꼈거든요. 자기와 같은 어린 친구가 계급이 다르다는 이유로 학교에 가지 못하고 돈을 벌어야 한다는 사실을 도저히 참을 수가 없었어요.

'저 친구와 함께 같은 교실에서 공부할 수 있는 세상을 만들 거야!'

카일라시는 새로운 세상을 꿈을 꾸기 시작했어요. 이 소년의 간절한 꿈은 이루어졌을까?

50년이 지난 2014년, 노르웨이 오슬로에는 노벨 평화상 시상식을 보기 위해 전 세계 사람들이 몰려들었어요. 키가 크고 멋지게 수염을 기른 한 남자의 이야기를 듣기 위해서였어요. 그의 연설이 끝나자 강당을 채웠던 수백 명의 청중들이 모두 자리에서 일어나 환호성을 지르며 박수를 쳤어요.

이 남자가 도대체 누구길래 사람들이 이렇게 반기냐고요? 바로 카일라시예요. 카일라시는 아동 인권 운동가가 되어 아이들을 위해 평생을 바쳤어요. 어른들에게 납치되어 공장으로 끌려가 카펫을 만들고 있는 아이들을 구출하고, 학교에 보내기도 했어요. 카일라시가 구한 아이들만 8만 3천 명이 넘는다니, 정말 대단하죠?

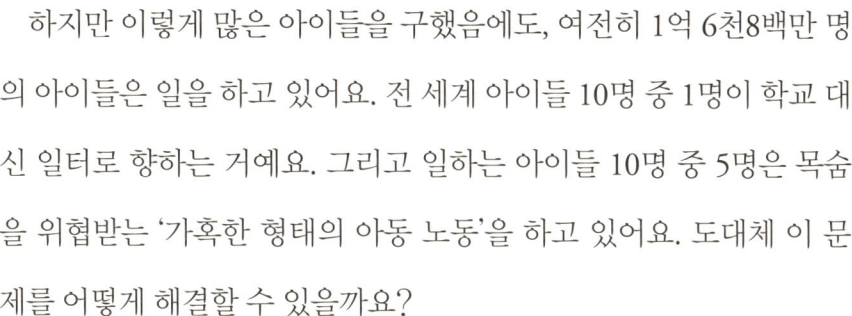

하지만 이렇게 많은 아이들을 구했음에도, 여전히 1억 6천8백만 명의 아이들은 일을 하고 있어요. 전 세계 아이들 10명 중 1명이 학교 대신 일터로 향하는 거예요. 그리고 일하는 아이들 10명 중 5명은 목숨을 위협받는 '가혹한 형태의 아동 노동'을 하고 있어요. 도대체 이 문제를 어떻게 해결할 수 있을까요?

"문제에 분노하십시오."

카일라시는 세상을 바꾸기 위한 시작이 '분노'라고 말했어요. 정의롭지 못한 일에 분노를 느끼는 사람이 많아지면 많아질수록, 공정한 세상을 만들기 위한 다양한 생각이 모이고, 함께 행동하는 사람들이 늘어날 테니까요. 정의를 위해 분노할 준비됐나요?

꼬마 시민 카페

착한 물건 vs 나쁜 물건

우리 손을 거쳐 간 수많은 물건 중에 다른 나라에 사는 친구들의 피와 땀이 담긴 물건이 있어요. 그런데 어떤 물건이 아동 노동으로 만든 것인지 알아보는 건, 쉬운 일이 아니에요. 상품을 아무리 꼼꼼히 살펴도 아동 노동에 대한 정보는 찾을 수가 없거든요. 그래서 아동 노동으로 만든 물건이 아닌 '착한 물건'을 사고 싶어도 정보가 부족해 답답할 때가 많아요.

하지만 걱정할 필요는 없어요. 아동 노동으로 생산된 상품을 조사해, 자료를 공개해 놓은 사이트가 있거든요. 바로 미국 노동부가 만든 '아동 노동이나 강제 노동으로 만든 물건 목록(List of Goods Produced by Child Labor or Forced Labor)'이에요. 우리가 먹는 바나나부터 매일 신는 운동화까지 아이들을 힘겹게 만든 물건이 무엇인지 확인할 수 있어요.

앞으로 물건을 사기 전에 이 사이트를 꼭 확인해 보세요. 아동 노동으로 만들지 않은 윤리적 상품을 구매하는 것 만으로도 아동 노동을 줄이고, 세계를 좀 더 정의롭게 만들 수 있으니까요.

농장에서 일하는 아이들

커피
콜롬비아, 코스타리카, 코트디부아르, 도미니카 공화국, 엘살바도르 등

카카오
카메룬, 코트디부아르, 가나, 기니, 나이지리아, 시에라리온

바나나
벨리즈, 에콰도르, 니카라과, 필리핀

팜유
인도네시아, 시에라리온, 말레이시아

고무
캄보디아, 인도네시아, 라이베리아, 필리핀, 베트남, 미얀마

광산에서 일하는 아이들

콜탄
콩고 민주 공화국

다이아몬드
앙골라, 중앙 아프리카 공화국, 콩고 민주 공화국, 기니 등

공장에서 일하는 아이들

카펫
아프가니스탄, 인도, 이란, 네팔, 파키스탄

새우
방글라데시, 태국, 캄보디아

신발
방글라데시, 브라질, 인도, 인도네시아, 베트남

옷
방글라데시, 아르헨티나, 인도, 태국, 베트남

방글라데시에는 그림자 공장이 늘어난대요

02

예전에는 계절이 바뀔 때마다

의류 매장에 새로운 옷들이 쏟아져 나왔어요.

그런데 이제는 기다릴 필요가 없어요. 2주마다 새로운 옷이 나오니까요.

덕분에 사람들은 예쁘고 멋진 옷을 더 자주 구매하게 됐어요.

저렴한 가격도 소비에 불을 지폈어요.

게다가 의류 산업의 성장으로 더 많은 사람들이 일자리를 얻었어요.

1990년에는 3억 4천만 명이 옷을 만들었다면,

2014년에는 5억 7천만 명이 옷을 만들고 있거든요.

그야말로 마법 같은 일이 일어난 거예요.

그런데 옷이 만들어지는 과정도 마법 같을까요?

이름도 없는 '옷 공장' 아이들

'의류 회사 매출은 나날이 늘어나는데, 옷을 만드는 나라도 더 잘 살게 됐을까?'

어느 날, 카타르 알자지라 방송국에서 일하는 안잘리 카마트 기자는 궁금증이 생겼어요. 세계 10대 의류 회사가 지난 10년 동안 옷을 판매해 벌어들인 돈은 매년 10퍼센트씩 증가했거든요. 이 질문에 대한 답을 찾기 위해 곧장 H&M, 자라, 갭 등 세계적으로 유명한 브랜드 옷을 만들어 수출하는 방글라데시로 향했어요.

안잘리 기자는 방글라데시에 도착하자마자 세계 최대 유통 회사인 월마트의 옷을 만드는 심코 공장에 방문했어요. 그런데 공장 이사인 무자파르 시디크와 대화를 나누던 중 이상한 점을 발견했어요.

"주문량이 꽤나 많을 것 같은데, 이걸 한 공장에서 다 만들 수 있는 건가요?"

"그게……."

"옷은 도대체 누가 만들고 있는 겁니까?"

말을 얼버무리는 무자파르에게 안잘리 기자는 다시 한번 단호하게 물었어요.

"실은 다른 공장이 있어요. 계약서에는 없는…… 궁금하시면 이곳으로 가 보세요."

또 다른 공장의 존재를 알게 된 안잘리 기자는 종이에 적힌 주소로 차를 몰았어요. 옷에 감춰진 진짜 비밀을 알기 위해서 말이죠.

차가 멈춘 곳은 간판도 없는 허름한 건물이었어요. 좁은 민트 색 철문을 지나 계단을 오르니 작은 문이 보였어요. 문틈 사이로 빠끔히 얼굴을 내민 안잘리 기자는 자신의 눈을 의심했어요. 조그마한 창고 안에 열 명이 넘는 아이들이 바닥에 쪼그려 앉아 바느질을 하고 있었거든요. 창고는 하얀 솜뭉치와 천, 그리고 재봉틀이 있는 탁자로 가득 차서 발을 뻗을 수도 없을 만큼 좁았어요. 게다가 먼지가 어찌나 많은지

숨을 제대로 쉬기가 힘들었어요.

"지금 무얼 만들고 있니?"

안잘리 기자는 아이가 놀라지 않게 조용히 다가가 이야기를 걸었어요.

"바지에 단추를 달고 있어요. 하루에 500개 정도 달아요."

낯선 사람의 등장에 조금 당황한 듯 보였지만, 아이는 또박또박 대답했어요.

"몇 살이니? 여기서 얼마나 일했니?"

"14살이에요. 여기서 일한 지 2년 됐어요."

"학교는 다니고 있니?"

"전에 잠시 다닌 적은 있어요."

학교도 가지 않고, 하루 종일 일을 하는 14살 아이, 명백한 아동 노동이었어요. 작업장에서 일하는 사람이 20명 정도 되는데 그중 절반이 15살도 채 안 된 아이들이었지요. 아이들은 조그마한 손으로 바지에 상표가 적힌 라벨이나 단추를 붙이거나, 고무줄을 끼워 넣고 있었어요. 그때, 안잘리 기자 눈에 띈 라벨이 있었어요.

'올드 네이비(Old Navy)'

올드 네이비는 세계적인 패션 그룹 갭의 상표 중 하나였어요. 아이들이 유명 브랜드 옷을 만들고 있다니, 안잘리 기자는 어떻게 된 일인가 싶어 공장 담당자를 찾아갔어요.

"여기서 일하는 아이들은 보통 몇 살인가요?"

"애들이 덩치가 작아서 어려 보이긴 하지만 이래 봬도 18살이 넘었답니다."

"솔직히 말씀해 주세요. 이미 아이들을 만나고 왔으니까요."

기자의 말에 담당자는 아무 대답도 하지 못했어요. 안잘리 기자는 여기에서 그치지 않고, 옷이 어디로 가는지 알아보려고 바코드를 추적했어요. 예상대로 미국으로 수출되어 올드 네이비 매장에 진열되어 있었어요. 이 사실에 분노한 안잘리 기자는 자신이 본 아동 노동 현장을 전 세계에 고발했어요. 보도가 나간 후, 갭은 이런 답변을 내놓았어요.

"내부 조사를 진행한 결과, 저희는 그 공장과 거래한 적이 없다는 것이 밝혀졌습니다. 주문서를 넣었다는 증거가 없어요. 중간 거래 업체가 제품에 하자가 있어 팔지 못하게 된 상품을 가져간 것 같아요. 자체 조사를 통해 누군지 밝혀낸 후, 엄중히 처벌할 생각입니다."

전 세계 사람들을 충격에 빠뜨린 것은 이뿐만이 아니었어요. 아이들이 옷을 만드는 진짜 이유가 세상에 드러났거든요. 도대체 방글라데시 아이들은 옷 공장에서 왜 일하는 걸까요?

패스트 패션의 비밀

여러분은 우리가 입고 있는 옷이 얼마나 빨리 만들어지는지 알고 있나요? 예전에는 1년에 4번 계절별로 신상품이 나왔다면, 요즘에는 한 해에 20~30번이나 신상품이 나와요. 게다가 옷 가격도 저렴해서, 몇 개를 사도 부담이 없어요.

그걸로 하지.

2주 내로 가능할까요?

햄버거처럼 주문하자마자 바로 먹을 수 있는 패스트 푸드처럼, 유행이 돌자마자 빠르고 저렴하게 구입해 입는 옷을 '패스트 패션'이라고 해요. 패스트 패션 덕분에 이제는 누구라도 예쁜 옷을 싼 가격에 구매할 수 있게 됐어요. 그런데 이처럼 기적 같은 일이 가능하게 된 이유는 무엇일까요? 기술이 발달해서 버튼만 누르면 기계가 알아서 옷을 뚝딱 만들어 내기라도 하는 걸까요?

옷은 우리 손에 오기까지 여러 단계를 거쳐야 해요. 가장 먼저 전 세계에 다양한 브랜드를 갖고 있는 다국적 의류 기업은 어떤 옷을 만들지 디자인을 결정해요. 그다음, 하청 기업에 연락해 주문을 전달해요.

"이 디자인으로 이번 달까지 3만 장의 바지가 필요해요."

주문을 받은 하청 업자는 곧바로 방글라데시 공장에 연락을 취해요.

"물론입니다. 말씀하신 일정에 맞춰 꼭 보내드리겠습니다."

유명한 다국적 의류 회사가 언제, 얼마나 주문하든 공장은 거절하지 못해요. 짧은 기간 안에 바지 3만 개를, 그것도 최저 가격으로 맞추는 게 불가능한 일이라는 걸 알면서도 옷 공장들은 '할 수 있다.'는 거짓말을 해요. 그렇지 않으면 다른 공장에 일을 빼앗겨서 결국 문을 닫게 될지도 모르거든요. 이렇게 방글라데시 공장은 시간과 가격 경쟁에 들어가요.

그런데 신기한 건 누가 봐도 불가능해 보이는 상황에서 정해진 시간 내에 주문을 마친다는 거예요. 도대체 이렇게 마법 같은 일이 가능해진 이유는 무엇일까요?

바로 일을 대신해 주는 '그림자 공장' 때문이에요. 불법으로 만들어진 작업장이라 딱히 이름도 없어요. 그래서 사람들은 그림자 공장이라고 불러요. 그림자 공장에선 이제 겨우 열둘에서 열네 살 가량 된 아이들이 옷을 만들고 있죠.

예를 들어, 다국적 기업에 주문을 받은 하청 기업과 계약한 방글라데시 공장은 원단을 재단하고 꿰매서 기본적인 옷 모양을 만들어요. 그다음 그림자 공장에 보내서 옷에 주름을 넣거나, 물을 빼는 가공 작업을 진행해요. 이후 단추나 라벨을 달고 고무줄을 넣는 등의 마무리 작업은 또 다른 그림자 공장이 담당해요. 깔끔하게 다리미질이 된 옷은 매끈한 투명 봉투에 담겨 원래 공장으로 돌아가요. 여러 그림자 공장에서 일을 나눠 해서 짧은 시간 안에 주문받은 물건을 만들 수 있는 거예요.

그림자 공장의 장점은 이뿐만이 아니에요. 생산 비용을 줄일 수도 있거든요. 성인보다 임금이 저렴한 아이들이 옷을 만든다면, 회사는 인건비를 아낄 수 있어요. 방글라데시에선 성인 최저 임금이 월 7만 7천 원인데 반해, 그림자 공장 아이들은 야근을 하지 않을 경우, 한 달에 약 3만 5천 원을 받아요. 성인보다 절반도 안 되는 돈을 받고 있는 거예요.

다국적 의류 기업은 이 사실을 알고도 책임을 회피하고 있어요. 만약 자사의 옷이 아이들의 손으로 만들어진다는 사실을 인정하면 기업 이미지에 타격을 입을 뿐만 아니라, 인건비가 오르면 생산비가 증가할 게 뻔하니까요. 그래서 아이들이 일하는 그림자 공장과는 관계가 없다고 주장하며, 직접적으로 계약을 맺은 방글라데시 공장의 탓으로만 돌리고 있어요.

그렇다면 왜 방글라데시 정부는 아동 노동을 방관할까요? 그 이유는 방글라데시 노동법이 다른 나라에 비해 느슨하기 때문이에요. 방글라데시 법은 만 12살 아이들이 학교에 다니면서 건강을 해치지 않는 '가벼운 수준의 일'을 하는 것을 허용하고 있어요. 일주일에 42시간까지 가능해요. 그런데 문제는 아이들이 실제 하는 일의 노동 강도가 센 데다가 노동 시간조차 제대로 지켜지지 않는다는 거예요. 지금 이 순간에도 방글라데시의 많은 아이들이 학교를 그만둔 채, 먼지로 뒤덮인 공장에 앉아 일하고 있어요. 그와 동시에 오늘도 다국적 의류 기업들은 유행에 민감한 소비자들의 욕구에 맞춰 더 빨리, 더 저렴하게 옷을 생산하라며 공장을 재촉해요. 다시 말해 누군가는 지금보다 더 많은 옷을 만들고, 더 낮은 임금을 받으며 일을 해야 한다는 거예요. 의류 산업에서 속도와 가격 경쟁이 사라지지 않는 한 아이들이 그림

자 공장을 벗어나기는 힘들어요.

돌고 도는 옷 공장의 운명은?

지금으로부터 100년 전, 시내 중심가에 있던 10층짜리 건물에서 큰 불이 났어요. 새까만 연기는 순식간에 건물을 휘감았고, 불길은 걷잡을 수 없이 커졌어요. 공장 안에서 일하던 사람들은 불길을 피하려고 출입문으로 달려갔지만, 건물 밖으로 나갈 수가 없었어요. 일을 하는 중에는 밖에 나가 쉴 수 없도록 공장 책임자가 문을 잠궈 놓았고, 비상 구조차 옷이 산적해 있어 길이 막혀 있었거든요.

갑작스러운 화재에 미처 피하지 못하고, 건물에서 뛰어내리거나 불에 타 목숨을 잃은 사람은 무려 146명이나 됐어요. 불과 15분 만에 벌어진 거짓말 같은 일이었어요. 사고가 난 지역이 어디냐고요? 세계적인 패션의 도시 뉴욕이에요. 1911년 3월에 발생한 트라이앵글 셔트웨이스트 의류 공장 화재는 미국 역사상 가장 참혹했던 사고 중 하나였어요. 100년이 지난 지금, 옷을 만드는 사람들의 삶은 얼마나 더 나아졌을까요?

2013년, 전 세계를 뒤흔든 의류 공장 사고가 발생했어요. 방글라데시 수도 다카에 있던 8층짜리 건물인 '라나 플라자'가 3분 만에 무너졌거든요. 이 사고로 1,134명이 소중한 목숨을 잃고, 약 2,500명이 부상을 당했어요. 그런데 라나 플라자에는 성인들만 있었던 건 아니에요. 아이들도 있었어요. 사고를 경험한 아이를 만나 볼까요?

"이제 저는 오랜 시간 앉아 있을 수도, 넘어지면 혼자서 일어설 수도 없어요. 저에게는 미래가 없어요. 움직이기도 쉽지 않은데 어떻게 일을 할 수 있겠어요. 제 상태가 더 심해지면 치료비도 만만치 않을 텐데, 아무도 저를 돌보려고 하지 않을 거예요."

라나 플라자 2층에서 일했던 이누르 아크테르가 말했어요. 사고로 두 다리를 다쳐 수술을 했지만, 부상이 심해 1년이 지난 후에도 여전히 재활 치료를 받고 있었어요. 사고 당시 이누르의 나이는 겨우 14살이었어요. 이누르를 힘들게 하는 건 망가진 다리만이 아니었어요. 이누르의 어머니 안와라 베검은 끝내 살아 나오지 못했거든요. 엄마를 생각하면 지금도 가슴이 답답하고 왈칵 눈물이 쏟아진다고 해요.

　라나 플라자가 무너져 내려 사고를 당한 아이들은 얼마나 될까요? 국제 구호 단체 액션 에이드의 보고서에 따르면, 조사에 참여한 생존

자 1,436명 중 18세 이하의 아이들이 202명이었어요. 7명 중 1명이 아이들이었던 거예요. 안전하지 않은 오래된 건물에 있는 옷 공장에서 일하는 아이들은 목숨마저도 위협을 받고 있는 셈이에요.

충격적인 사실은 라나 플라자 옷 공장에서 일하는 사람들이 금이 쩍쩍 가 있는 건물을 보고 들어가기를 꺼려 하자, 공장주가 강압적으로 들어가 일을 하라고 시켰다는 거예요. 게다가 놀랍게도 방글라데시에서 이런 사고는 처음이 아니었어요. 2005년 방글라데시 수도 다카 근처에서 '스펙트럼' 의류 공장이 무너져 64명의 사망자와 80명의 부상자가 나왔어요. 2010년 '유로텍스' 공장에서 보일러 폭발 사고가 일어나 2명이 죽고, 62명이 다쳤어요. 11일 뒤 스포츠 웨어 공장에서 불이 나 29명이 세상을 떠났어요. 라나 플라자에서 사고가 나기 불과 몇 개월 전, '타즈린' 의류 공장에서도 불이 나 112명이 목숨을 잃고, 200명이 부상을 당했죠.

사고가 난 공장에는 공통점이 있었어요. 바로 유명한 다국적 의류 회사 옷을 만들고 있다는 거예요. 하지만 이렇게 끊임없이 사고가 일어나도 의류 회사들은 꿈쩍도 하지 않았어요. 회사들은 안전 문제에 무관심한 방글라데시 공장과 노동자의 근로 환경을 제대로 감독하지 않는 방글라데시 정부의 문제라며 책임을 피했어요. 그런데 정말 옷 공장 사고는 다국적 의류 기업과 무관한 일일까요?

기업은 적은 돈으로 많은 양의 옷을 만들려고 하청 기업에 무리한 요구를 해요. 요구를 들어주지 않으면 다른 하청업자를 찾음 그만이지요. 그러다 보니 무리인 걸 알면서도 하청업자들은 요구를 들어주려고 불법으로 공장 건물을 세우고, 작업 공간을 넓히는 데에만 신경을 쓰는 거예요. 안전을 위한 비상계단이나 소화기는 준비조차 하지 않고서요. 공장 건물은 부실하게 지어진 탓에 무너지기도 쉽고, 한 번 불이 나면 그 안에서 일하는 사람들은 큰 피해를 볼 수밖에 없어요. 만약 다국적 의류 기업에서 방글라데시 의류 공장에서 처음 사고가 난 후에 하청 기업에 노동자가 안전하게 일할 환경을 제공하는 것을 함께 일할 조건으로 내세웠다면 어떻게 되었을까요?

라나 플라자 사고 이후, 의류 회사를 비난하는 소비자들의 목소리가 높아졌어요. 이에 대해 의류 회사는 어떤 반응을 보이고 있는지 캘빈 클라인을 소유하고 있는 다국적 의류 기업인 PVH의 대표 엠마누엘의 말을 들어 볼까요?

"방글라데시는 정부 지원이 너무 부족합니다. 그래서 안전과 노동자 인권 문제가 끊이지 않아요. 이 점이 의류 산업 발전에 발목을 잡고 있어요. 이 모든 문제를 해결할 수 있는 나라를 찾았습니다. 바로 에티오피아입니다."

다국적 의류 회사는 방글라데시 옷 공장을 더 안전하게 만들겠다는 약속 대신 아프리카 대륙으로 눈을 돌리기 시작했어요. 아프리카 사람들에게 옷 공장이 늘어나 일자리가 생기면 지금보다 더 잘살게 될 거라고 희망을 불어 넣었어요. 하지만 속내는 달랐어요. 아프리카 사람들의 인건비가 방글라데시보다 더 저렴하기 때문이었죠.

옷 공장이 들어설 다음 타자는 아프리카예요. 몇 년 후면 우리나라에서 '메이드 인 에티오피아' 라벨이 달린 티셔츠를 살 수 있을지도 몰라요. 여러분이 그리는 에티오피아의 미래는 과연 행복할까요?

왜 엠마 왓슨은 방글라데시에 갔을까?

'유명 배우 OOO가 입은 옷'

옷을 판매하는 전략 중에서 가장 인기 있는 방법은 유명 연예인을 모델로 내세우는 거예요. 평범하게만 보였던 옷도 연예인이 걸치면 멋있게 보이니까요. 예쁘고 멋진 옷을 입는 것은 연예인에게도 중요한 일이에요. 어떤 옷을 선택하느냐에 따라 자신의 이미지가 달라지기 때문이에요. 그렇다면 연예인들은 어떤 기준으로 옷을 고르고 있을까요? 아마도 대부분은 유명한 브랜드나 디자이너의 이름을 선택할 거예요. 그런데 전 세계 영화 팬의 마음을 사로잡은 배우 엠마 왓슨은 조금 특별한 기준으로 옷을 골라 화제가 됐어요. 도대체 어떤 옷이었을까요?

"패션으로 가난한 사람을 돕는다는 생각이 매우 흥미로웠어요. 제가 세상을 바꾸는 데 도움을 줄 수 있다는 것도 좋았고요."

엠마 왓슨이 모델로 참여한 의류 브랜드는 2001년 영국에 세워진 사회적 기업 피플 트리예요. 사회적 기업은 일반 기업과 달리 돈이 아닌, 빈곤과 같은 사회 문제를 해결하려고 설립한 착한 기업이에요. 피플 트리와 거래하는 업체들은 아이들이 일하는 것을 금지하고, 노동자에게 정당한 임금을 주며, 건강을 해치지 않는 안전한 환경을 제공해야 해요. 오늘날 방글라데시를 포함한 13개 국가에서 4,500명이 넘는 생산자들이 이런 가치를 추구하며 옷을 만들어요. 돈이 아닌 사람을 최고의 가치로 두는 피플 트리는 사람들의 삶을 바꿔 놓았을까요?

엠마 왓슨은 패스트 패션 브랜드의 옷을 만드는 노동자들을 만나러 방글라데시 수도인 다카의 빈민가로 향했어요.

"패스트 패션 공장에서 일하는 노동자들의 삶을 보니 이건 정말 아니다 싶었어요. 부모가 도시로 와서 일하느라 가족과 떨어져 지내는 경우도 많고, 하루 종일 일해도 겨우 가족들이 먹고 살 수 있을 정도의 돈밖에 벌지 못하거든요. 제가 만난 한 여성은 미래에 희망이 없다고 말했어요."

엠마 왓슨은 아무리 많은 옷을 만들어도 가난한 삶에서 벗어나지 못하는 현실이 답답했어요. 엠마 왓슨은 다카를 떠나 피플 트리 옷을 만드는 타나파라 지역으로 발걸음을 옮겼어요.

"타나파라 사람들의 삶은 달랐어요. 정당한 임금을 받으며, 가족들과 함께 살고 있었거든요. 인간의 존엄성이 지켜지는 것 같았어요. 두 지역을 보면서 옷을 사는 것만으로도 엄청난 변화를 만들어 낼 수 있다는 것을 깨달았어요."

타나파라는 가슴 아픈 역사를 지니고 있는 곳이에요. 1971년에 있던 방글라데시 독립 전쟁으로 많은 남자들이 목숨을 잃었거든요. 그래서 가장이 된 여성들이 유독 많은 지역이에요. 현재 이곳에서는 200명이 넘는 여성들이 옷을 만들고 있어요. 피플 트리가 지불한 돈은 의류 생산자의 월급뿐만 아니라, 320명의 학생들이 다니는 학교와 60명의 아이들을 위한 어린이집 운영비로도 사용되고 있어요. 이 작업장의 부 대표인 기니 알리는 피플 트리 덕분에 지역에 활기가 돌고 있다고 설명했어요.

"피플 트리 덕분에 사람들의 삶이 경제적으로 안정됐어요. 그 결과

타나파라 여자들의 삶도 전보다 훨씬 나아졌죠."

　사람들은 세계화로 일자리가 많아지면, 삶이 나아진다고 말해요. 하지만 그 전에 어떤 일자리를 만들어야 할지에 대한 고민이 필요해요. 낮은 임금을 주고, 안전하지 못한 환경에서 아이들에게 일을 시킨다면, 그 나라의 미래는 더욱 어두워질 테니까요. 반대로 양질의 일자리를 만들면 어떻게 될까요? 아마 아동 노동은 자연스럽게 사라질 거예요. 이제부터 내가 입는 옷이 어떤 가치를 담고 있는지 고민해 보면 어떨까요?

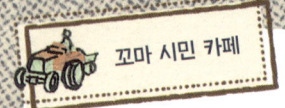

같은 옷 다른 가격

"옷 가격을 올려라!"

"안전한 근무 환경을 보장해라!"

라나 플라자의 대참사에도 의류 회사들은 침묵을 지켰어요. 오히려 사고가 발생한 공장은 자신들의 회사와 관계가 없다며 발뺌하기 바빴거든요. 그러자 그동안 의류 회사를 지지했던 소비자들이 회사를 비난하는 글을 온라인에 올리기 시작했어요. 사람들의 목숨을 구할 수만 있다면 옷 가격을 올려도 좋다는 소비자들이 빠르게 증가하기 시작했지요. 시민들이 옷 가격에 집중했던 건, 우리가 구매하는 저렴한 옷에는 무언가 빠져 있기 때문이에요.

그것이 무엇일까요?

여러분 앞에 두 개의 스웨터가 놓여 있어요. 포근한 촉감에 파스텔 톤의 색감까지 어느 것 하나 빠지지 않아요. 그런데 왼쪽 스웨터는 3만 원에 팔리지만, 오른쪽 스웨터는 1만 원에 팔리고 있어요. 스타일과 디자인까지도 비슷한데 말이에요.

두 스웨터의 가격이 차이가 나는 이유는 바로 인건비예요.

▲ 출처: CNN Staff, 2013

미국에서 스웨터를 만드는 사람들에게는 옷 하나당 8,600원의 돈을 주지만, 방글라데시 사람들에게는 겨우 250원을 주고 있어요.

생산자들에게 건강한 생활을 유지할 수 있을 정도의 임금을 준다면 어떻게 될까요?

지금보다 더 많은 방글라데시 아이들이 꿈을 꿀 수 있지 않을까요?

여러분은 티셔츠 가격을 올리는 데 찬성하나요?

우즈베키스탄 아이들이 학교를 가지 못하는 이유

여권, 옷, 지폐의 공통점이 뭔지 알고 있나요?

바로 목화로 만들어진다는 점이에요.

최대 목화 생산국 중 하나인 우즈베키스탄에서는

매해 9월에서 11월이 되면 목화 수확이 한창이에요.

그런데 문제는 목화가 아이들의 손으로 재배된다는 거예요.

최소 50만 명에서 최대 200만 명의 학생들은 목화 수확 시기에

공부를 하고 싶어도 학교에 갈 수가 없어요.

이번 시간에는 우즈베키스탄 아이들이

왜 학교에 가지 못하고 목화를 따야 하는지

그 비밀을 이야기해 줄게요.

목화솜 주머니를 짊어진 아이들

"서약서에 서명한 사람은 앞으로 가져오세요."

우즈베키스탄의 한 중학교 교실이에요. 학생들은 선생님 말에 교탁에 종이를 올려 놓았어요.

"야, 뭐 해? 빨리 내고 가자."

바르하욧이 종이에 이름을 적지 않고 망설이자 친구가 옆에서 재촉했어요.

"나는 하기 싫어."

"그래도 하게 될 건데 뭘 고민해. 다른 방법이 없잖아."

친구의 말이 맞았어요. 하기 싫다고 피할 수 있는 일은 아니었으니까요. 바르하욧은 어쩔 수 없이 서약서에 이름을 적었어요.

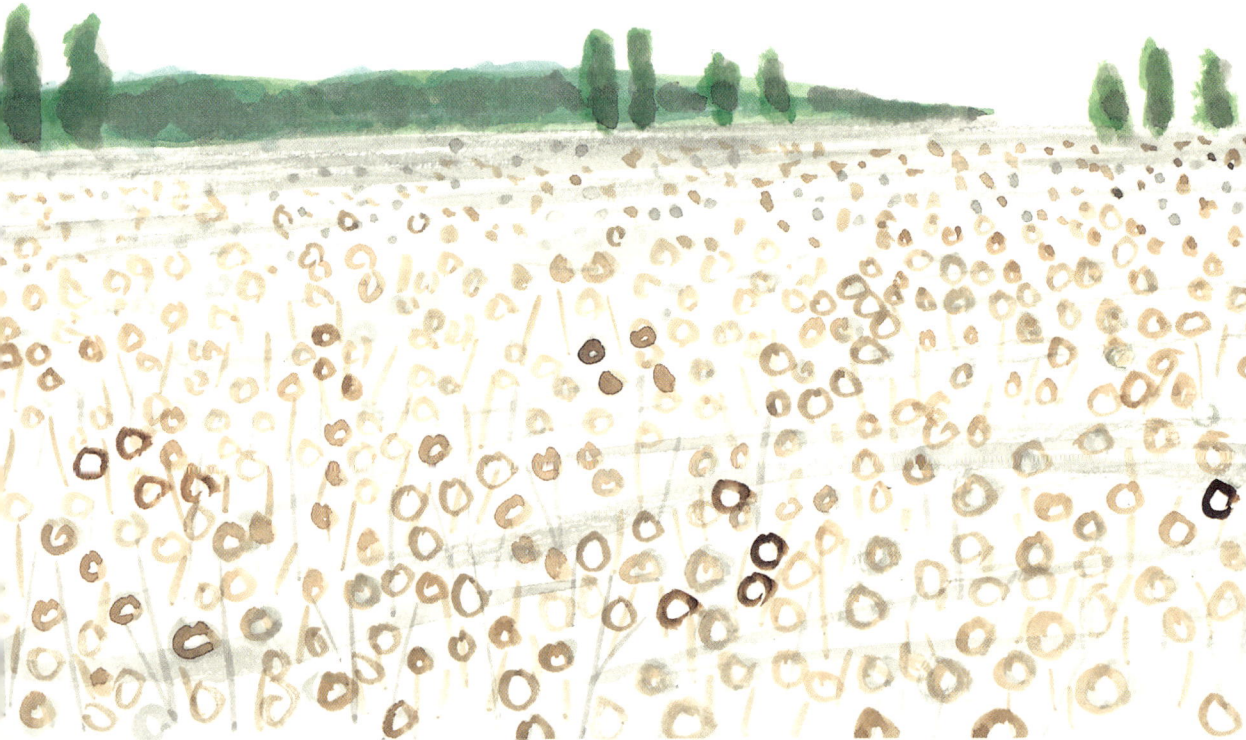

서약서

3학년 5반 바르하욧은 교칙을 준수하고, 매 수업에 성실히 임할 것을 다짐합니다. 국가의 발전을 위해 목화 수확에 참여하며 국가, 민족, 가족을 위해 열심히 일할 것을 약속합니다. 또한 성실한 모습으로 타의 모범이 되겠으며, 안전 규칙을 준수하겠습니다. 만일 제가 이 약속들을 위반할 시에는 교육 과정을 다시 이수하고, 이에 합당한 처벌을 받겠습니다.

    선선한 바람이 부는 가을, 바르하욧은 오늘도 어김없이 교실 대신 목화밭으로 향했어요. 밤새 눈이라도 내린 것처럼 새하얀 목화밭이 보이자 입에서 한숨부터 터져 나왔어요. 누군가에게는 입을 다물지 못할 아름다운 광경이지만, 바르하욧 눈에는 그저 일거리일 뿐이었어요.

"이 많은 걸 언제 다 따지? 벌써부터 걱정이다."

목화밭에 먼저 도착한 바르하욧은 다른 친구들처럼 스카프를 꺼내 얼굴에 둘렀어요. 스카프가 답답했지만, 따가운 가을볕과 모래바람을 피하려면 어쩔 수 없는 일이에요. 준비를 마친 바르하욧은 바구니를 챙겨 목화밭으로 들어갔어요. 오늘은 일을 빨리 끝내고 싶은 마음에 빠른 손놀림으로 목화솜을 뽑아냈어요.

"앗, 따가워! 또 피난다."

목화 가지에 손을 벤 바르하욧은 손가락을 얼른 입으로 가져갔어요. 딱딱하게 마른 가지는 칼날처럼 날카로워서 수확할 때는 무척 조심해야 해요. 장갑이라도 있었다면 다치지 않았겠지만, 대부분의 학생들은 맨손으로 일을 해요. 그래서 손이 항상 상처투성이에요.

"조심해. 어제도 그러더니. 그나저나 너 얼마나 땄어?"

"아직도 멀었어."

바르하욧은 반도 차지 않은 포대를 보며 울상을 지었어요. 이러다가 선생님에게 혼나는 건 물론이고, 늦게까지 일을 해야 할지도 모르거든요. 초등학생들이 하루에 따야 할 목화솜은 40킬로그램, 중·고등

학생은 70킬로그램 정도예요. 체격이 작은 바르하욧에게는 버거운 양이지요.

"어제 옆 반에 결석한 애가 있었대."

"정말?"

결석이란 말에 바르하욧의 가슴이 콩닥콩닥 뛰었어요. 목화 수확 기간에 결석은 있을 수 없는 일이거든요. 이 때문에 작년에 전교생 앞에서 어떤 형이 맞기도 했어요.

후두두둑.

그때, 갑자기 하늘에서 비가 떨어지자 목화솜이 촉촉해지기 시작했어요. 아이들은 비를 피하기는커녕, 솜이 물을 잔뜩 머금을까 봐 자루를 먼저 챙겼어요.

바르하욧은 자기 몸집만 한 커다란 포대를 등에 짊어졌어요. 자루가 비에 젖으면 더 무거워져서 나르느라 애를 먹거든요. 땅은 벌써 질퍽해져 한 걸음 떼기가 쉽지 않았어요. 그래도 목화솜은 계속 따야 했어요. 하루라도 쉬면 계획에 큰 차질이 생기거든요. 이 길을 얼마나 더

왔다 갔다 해야 목화 수확이 끝날지, 눈앞이 막막하기만 했어요. 내일도, 모레도, 그다음 날도, 목화밭에서 일을 해야만 하거든요.

우즈베키스탄 아이들은 가을이면 수업을 받는 대신 목화밭에서 일을 해요. 매년 9월에서 11월까지 최소 50만 명에서 최대 200만 명의 아이들이 동원된다고 해요. 아이들이 자발적으로 목화 수확에 참여한다는 서약서까지 제출하면서 말이에요.

우즈베키스탄은 가난한 나라니까 어쩔 수 없다고요? 아니에요. 우즈베키스탄은 중앙아시아에서 두 번째로 잘사는 나라거든요. 그런데 누가 아이들을 목화밭으로 보내는 걸까요?

욕심 많은 정부 때문에 괴로워요

목화는 하얀 황금이라는 별명을 가지고 있어요. 금처럼 돈을 많이 벌어다 준다는 의미로 붙인 이름이에요. 우리가 입는 옷, 물건을 살 수 있는 지폐, 해외에 나갈 때 꼭 필요한 여권까지 모두 목화로 만들어지거든요.

목화의 몸값이 높다 보니 우즈베키스탄에서 목화는 없어서는 안 될 중요한 작물이 됐어요. 목화와 관련된 산업만으로 벌어들이는 돈이 전체 국가 소득의 1/4을 차지할 정도니까요. 그런데 어떻게 이런 일이 가능했을까요? 목화 수확의 비밀을 알려면 우즈베키스탄의 정치 체제를 이해해야 해요.

우즈베키스탄은 독재 국가예요. 대통령도 있는 나라를 왜 독재라고 말하는지 궁금하죠? 민주주의 국가에서는 시민이 곧 나라의 주인이에요. 누구나 자유롭게 생각하고, 말하며, 자신의 권리를 정부에 요구할 수도 있어요. 그리고 시민 대다수가 원한다면 언제든 지도자를 교체할 수가 있지요. 그런데 독재 국가에서는 소수가 나라의 권력을 손에 쥐고 있어요. 자신들의 의견에 반대하는 사람에게 벌을 주거나 신문과 방송을 통제하면서 시민들의 자유를 억압해요. 지도자를 바꾸고 싶어도 쉽게 교체할 수 없어요. 오랫동안 정권을 잡기 위해 헌법을 바꾸기도 하고, 국민들을 속여 선거를 조작하기도 하거든요.

2016년에 사망한 우즈베키스탄의 이슬람 카리모프 대통령은 헌법을 개정해 무려 25년 동안 철권통치를 해 왔어요. 철권통치는 무력과 같은 폭력적인 방법으로 국가를 운영하는 방식을 뜻해요. 비정부 기관인 프리덤 하우스에서 매년 민주주의와 인권 수준을 평가해 발표하는데, '2017 세계 자유 보고서'에서 우즈베키스탄은 북한과 함께 최악의 국가로 뽑혔어요. 195개의 나라 중 가장 자유가 없는 11개 국가 안에 속해요. 1위가 시리아, 2위가 북한, 에리트레아, 그리고 우즈베키스탄이었어요. 이렇다 보니 국민들은 매해 가을이 되면 목화밭에 끌려가도 거부할 수가 없는 상황이에요.

"올해도 작년과 비슷한 수준의 목화를 수확한다."

목화 수확 방식을 살펴보면, 우즈베키스탄 정부가 얼마나 시민의 자유를 억압하는지 알 수 있어요. 정부는 가장 먼저 한 해 수확량을 정해요. 보통 농사는 날씨에 따라 흉작이나, 풍작이 결정돼요. 하지만 우즈베키스탄은 날씨가 어떻든 정부가 계획한 양의 목화가 생산되어야만 해요.

"작년과 비슷하게 목화를 따라고 각 지역 정부에 전달해."

고위 관료의 명령을 받은 공무원들은 각 지역에 올해 수확해야 할 양을 전달해요. 그러면 각 지역에서는 이 목표를 어떻게 달성할지 모여서 회의를 해요. 문제는 위에서 내려온 할당량이 너무 많아 농민들만으로는 달성할 수 없어요. 그래서 될 수 있는 한 많은 사람들을 끌어 모아 목화를 따야 해요.

"학교, 병원, 관공서에 준비하라고 연락해."

지역 정부에서 목화 수확을 강요할 수 있는 사람은 나라를 위해 일하는 공무원과 학생이에요. 그래서 초등학교부터 대학교에 있는 교사와 학생, 병원에서 근무하는 의사와 간호사, 관공서에서 일하는 공무원은 가을이 되면 목화밭으로 동원돼요. 정부의 명령을 어겼다가는 퇴학을 당하거나 직장을 잃을 수 있기 때문에 꼼짝없이 나와야 하죠. 목화 수확 시기에 사람들이 어떻게 생활하는지 한 번 살펴볼까요?

"저희 집은 방과 거실이 하나씩 있는데, 지금 11명의 교사들이 와 있어요. 그래서 저희 가족들은 처음 만난 사람들과 한 방에서 잠을 자고 있어요. 빨리 목화 수확이 끝나기만을 바랄 뿐이에요."

우즈베키스탄의 인권 상황을 조사하러 온 활동가들에게 바르치노이는 어려움을 토로했어요. 남편과 사별을 한데다 가족들을 먹여 살리기도 힘든 상황에서 11명의 손님을 받는다는 건 어려운 일이었어요.

정부는 다른 지역에 사는 교사들을 데려다 일을 시키려면 목화밭과 가까운 곳에 잠자리가 필요하다며 집을 개방하라고 명령했어요. 그렇다고 정부에서 숙박료를 주는 것도 아니에요. 전기세며 가스비며 모두 집주인인 바르치노이의 몫이었어요. 부담이 이만저만이 아니었지요.

교사들의 상황도 좋지 않은 건 마찬가지였어요. 목화 수확기에 교사들은 하루에 보통 70kg의 목화를 따야 하거든요. 수확량이 줄어들 때쯤이면 교사들은 다시 수업을 시작해요. 학생들이 오전에 수업을 듣고, 오후에 일을 하기 때문이에요. 하지만 여전히 목화 수확에 동원되는 교사들의 숫자가 더 많기 때문에 학교에서는 말도 안 되는 일이 벌어지곤 했어요.

"올해는 목화 수확에서 빠지고 싶어서 수업을 하겠다고 했어요. 그랬더니 교장 선생님이 8과목을 가르치라는 말을 했어요. 저는 역사 교사인데, 어떻게 수학을 가르칠 수 있겠어요? 애들 평가는 또 어떻게 하고요? 8과목을 가르칠 바에야 목화밭에서 일하는 게 낫다고 생각해서, 결국 마음을 바꿨죠."

매년 수많은 사람들의 희생으로 우즈베키스탄 정부의 주머니는 점점 더 두둑해져요. 하지만 정부가 돈이 많아진다고 시민들이 잘사는 건 아니에요. 해가 뜰 때부터 어두운 밤까지 10시간을 일한 대가로 학생들이 하루에 받는 돈은 고작 5천 원, 어른들은 6천 원에서 7천 원 정도예요. 목화로 벌어들인 돈은 고위 관료들만 접근할 수 있는 별도의 농업 기금으로 들어가는데 이 기금은 정부 예산에 포함되어 있지 않아서, 어디에 사용하는지조차 시민들은 알 수가 없어요.

국가의 역할은 국민이 잘 살 수 있도록 보호하는 거예요. 그런데 우즈베키스탄에서는 소수의 지도자를 위해 국민이 열심히 일을 하고 있어요. 욕심 많은 정부 때문에 수많은 국민이 눈물을 흘려야 하는 상황, 어떻게 생각하나요?

우리나라가 비난을 받는다고요?

"우리나라 정부와 기업이 아동 노동 문제를 악화시키고 있다!"

2014년, 대통령이 중앙아시아로 해외 순방에 나서기 전, 당시 국회의원이었던 박원석 의원이 기자들 앞에서 아동 노동 문제에 대해 소리 높여 외쳤어요. 그는 왜 이런 말을 했을까요?

우즈베키스탄에는 목화솜을 면 펄프로 만드는 공장이 많은데, 이 공장들 중 가장 큰 공장을 '글로벌콤스코대우'라는 우리나라 기업이 운영하고 있어요. 게다가 공기업인 한국 조폐 공사는 여기서 생산된 펄프로 우리나라만 아니라 베트남, 인도네시아, 페루, 인도 지폐를 만들어 수출하고 있어요. 이러한 이유로 국제 노동 기구를 비롯한 국제 시민 단체들은 우리나라가 '가혹한 형태의 아동 노동'에 가담하고 있다며 비난했어요.

기자 회견을 열었던 국회 의원은 대통령이 우즈베키스탄을 방문하기 전에 이러한 사실을 알리고 싶었어요. 우즈베키스탄 정부와 아동

노동 문제에 대해서 논의가 필요하다고 생각했기 때문이에요. 우즈베키스탄에서 돌아온 후, 대통령은 어떤 결정을 내렸을까요?

"섬유 부분의 협력을 크게 확대하겠습니다."

아동 노동에 대한 이야기는 없고, 오히려 사업과 투자를 늘리겠다는 결정을 했어요. 이 소식에 전 세계는 충격에 빠졌어요. 아동 노동 소식이 알려지면서 테스코와 같은 외국 기업들은 우즈베키스탄 목화 수입을 중단했거든요. 이런 세계적인 흐름에 반해, 우리나라는 더 많은 돈을 투자하겠다고 밝혔던 거예요. 이러한 결정은 목화밭 아이들의 상황을 모른 척 외면한 거나 다름없었어요. 국제 시민 단체인 워크프리를 비롯한 수많은 단체들은 우리나라가 변해야 한다고 한 목소리를 냈어요.

"수많은 회사들이 우즈베키스탄 목화에 거리를 두고 있습니다. 한국 기업들도 여기에 동참해 목화 수확으로 무고한 시민들이 고통받지 않도록 노력해야 합니다."

우즈베키스탄 정부가 돈을 버는 건 목화를 꾸준히 사들이는 기업이 있기 때문이에요. 만약 기업이 '비윤리적으로 생산되는 목화는 구입할 수 없습니다.'라고 한다면, 독재 정부라 하더라도 아이들을 동원해 강제로 일을 시킬 수는 없을 거예요. 비윤리적인 목화의 인기는 떨어질 테니까요.

공정 무역 목화로 만든 공정한 교복

오스트레일리아의 헤이즐브룩 초등학교 앞, 교복을 입은 아이들이 웃으며 등교하고 있어요. 가슴에 노란색 학교 마크가 새겨져 있는 파란색 반팔 교복이에요. 이 교복은 평범해 보이지만, 오스트레일리아 전역을 들썩일 정도로 특별한 사연을 가지고 있어요. 왜 이렇게 주목을 받았을까요?

"안녕하세요?"

4년 전 어느 날, 교복 구매를 담당하고 있던 셰릴 그리스월드에게 평소 알고 지내던 학부모가 찾아왔어요. 서로의 안부를 나누던 중, 아동 노동을 금지하고 목화 생산자들에게 공정한 가격을 지불하는 공정 무역 목화에 대한 이야기가 나왔어요.

"인도 목화 농장에서 일하는 생산자들의 상황이 안 좋은가 봐요. 어떤 곳은 아이들이 일하기도 하고, 어떤 곳은 월급을 제대로 주지 않는다고 하네요. 체인지 스레드스라는 단체에서 이 문제를 해결하기 위해 공정 무역 목화를 공급한대요."

셰릴도 관심이 생겼어요.

"공정 무역 목화는 믿을 수 있나요?"

"회사 대표가 인도 목화밭에 직접 가서 임금이 제대로 지불되는지

살펴보나 봐요."

우연히 공정 무역 목화에 대해 알게 된 셰릴은 자세한 이야기를 듣고 싶었어요. 곧장 체인지 스레드스의 대표인 안나를 만났지요.

"네 딸의 엄마로서 저는 무엇보다 아이들이 바른 인성을 가졌으면 좋겠어요. 그래서 다른 나라 아이들의 삶을 힘겹게 하는 물건을 사용하지 않았으면 해요. 예를 들어, 공정 무역 목화로 만든 교복을 입는다면, 더 나은 세상을 만드는 방법을 배울 수 있겠죠."

"그런데 아직 공정 무역 목화로 교복을 만드는 회사가 없는데, 가능할까요?"

셰릴은 안나의 말에 공감했지만 현실적으로 불가능한 일이라고 생각했어요. 목화가 교복이 되기까지 수많은 과정이 필요한데, 모든 과정을 혼자서 하기란 매우 힘들었거든요.

"정말 뜻이 있으시다면, 제가 하겠습니다."

안나는 힘든 도전이지만, 학생들을 위해서라면 해 볼 만하다고 생각했어요. 그래서 교복을 만들어 보겠다고 선뜻 대답했어요. 역시나 교복을 만드는 건 쉽지 않았어요. 공정 무역 목화만 공급하다 교복까지 만들려다 보니 재정적으로 많이 힘들었어요.

"돈 걱정은 하지 마세요."

다행히 학교 운영 위원회에서 필요한 돈을 지원하기로 결정했어요.

모두들 이번 일이 얼마나 가치 있는 일인지 알았기에 선뜻 참여하기로 마음을 모은 거예요. 우여곡절 끝에 완성된 교복은 절반은 재활용 플라스틱, 나머지 반은 공정 무역 인증을 받은 인도 목화로 만들었어요. 새로운 교복을 받게 된 학생들은 어떤 반응을 보였을까요?

"예전 교복보다 시원하고 입기 편해요!"

새 교복은 셔츠가 아닌 옷깃이 달린 폴로 셔츠였어요. 다림질을 할 필요도 없고, 입고 벗기가 수월해 학생들은 전에 입던 교복보다 편하다는 반응을 보였어요.

"무엇보다 공정 무역 목화로 만들어져서 좋아요. 다른 누군가를 도울 수 있잖아요."

"다른 학교도 우리처럼 공정 무역 교복을 입었으면 좋겠어요."

교복에 담긴 의미와 가치에 대해 알게 된 학생들은 스스로를 자랑스럽게 생각했어요. 그리고 학교에도 새로운 변화가 찾아왔죠. 오스트레일리아 전역에서 공정 무역 교복에 대한 문의가 들어올 만큼 학교가 유명해졌고, 학생들이 공정 무역에 대해 토론하기 시작했거든요. 교복이 더불어 사는 삶에 대한 영감을 불어 넣어 준 거예요.

꼬마 시민 카페

목화로 사라져 가는 아랄해

우즈베키스탄과 카자흐스탄 국경에는

세계에서 4번째로 커다란 호수가 있었어요.

그 규모가 얼마나 컸던지 사람들은 바다가 아닌데도 '아랄해'라는 이름을 붙여

줬지요. 아랄해에는 철갑 상어가 있었을 만큼 해양 생물이 다양했어요.

"어떤 때는 400킬로그램이 넘는 물고기가 잡히기도 했지.

물고기가 얼마나 크고 싱싱했는지 몰라."

아랄해 북부 지역에 살고 있는 코자바이 할아버지는 슬픈 표정을 지으며 말했어요.

이제 아랄해에는 물도 물고기도 없어요. 그저 쩍쩍 갈라진 바닥과

모래바람뿐이었어요. 이 모든 이유는 목화 때문이에요.

1960년대 소련은 목화 재배가 돈이 된다는 것을 알고 농장을 확대하기 시작했어요.

목화 농사를 위해 아랄해로 흘러가는 아무 다리야강과 시르 다리야강에 댐을 쌓았고,

아랄해를 채웠던 물은 목화를 위해 사용됐어요.

하지만 아무도 이것이 문제라고 생각하지 않았어요. 아랄해를 지키는 것보다

목화를 기르는 게 더 중요했거든요.

더 이상 강물이 들어오지 않자 아랄해는 크기가 점점 줄어들었어요.

거기에 온난화까지 겹쳐 물이 증발하는 속도도 빨라졌어요.

호수 주변은 점점 소금 사막으로 변해 버렸어요. 아랄해는 일반 강물과 달리

소금기가 있었거든요. 소금 먼지는 바람을 타고 멀리멀리 퍼졌어요.

주민들은 숨 쉬기가 힘들어졌고, 하나 둘 호흡기 문제로 목숨을 잃어 갔어요.

소금 먼지 때문에 더 이상 목화도 잘 자라지 못해 수확량도 예전만큼 많지 않았지요.

하얀 황금에 눈이 먼 사람들 때문에, 이렇게 아랄해는 지도에서 사라질 위기에

처했답니다.

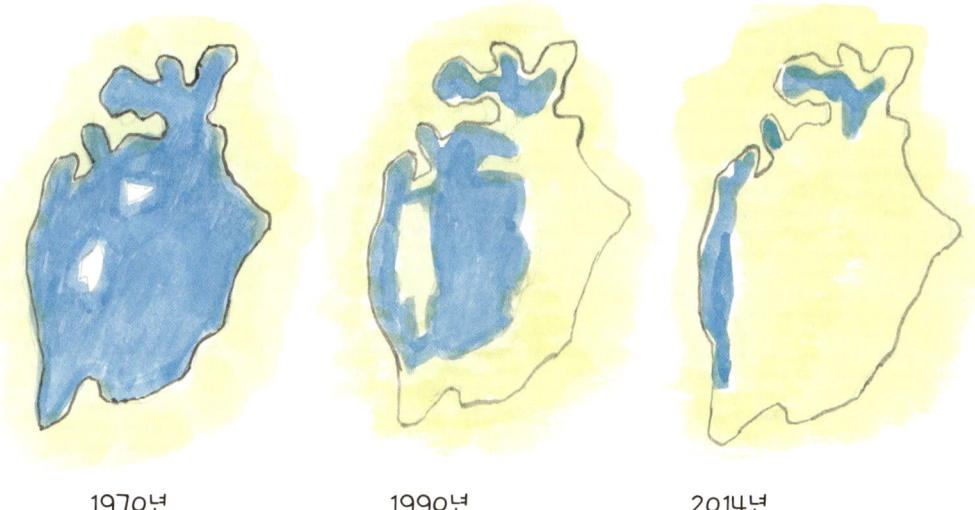

1970년   1990년   2014년

04 인도네시아 팜 농장의 비밀

우리가 먹고, 사용하는 물건 절반에 팜유가 들어 있어요.

식물로 만든 기름 중 가장 인기가 많아서

한 해에만 6,600,000톤이 거래돼요.

전 세계 면적의 270,000㎢가 팜 농장이에요.

이 정도면 남한과 북한을 합친 한반도 면적보다도 큰 규모예요.

팜 농장 건설이 활발해진 배경 뒤에는 다국적 기업이 있어요.

돈이 많은 기업들은 다른 나라에 땅을 빌려 대규모 팜 농장을 짓거든요.

팜 농장이 많아지면 일자리도 늘어나 잘살게 될 줄 알았는데

아이들까지 일해야 될 만큼 사람들의 삶은 팍팍해졌어요.

세계 최대 팜유 생산국인 인도네시아에 어떤 사연이 있는 걸까요?

아리프는 왜 팜 농장에 갔을까?

"뭐 하는 거야 지금! 일 안 해? 게으름 피울 거면 당장 그만둬!"

끝이 보이지 않는 드넓은 팜 농장에서 감독관으로 보이는 한 남자가 사람들을 향해 소리쳤어요. 쩌렁쩌렁한 목소리가 귓전에 울려 퍼졌어요. 감독관의 호통 소리에 12살 아리프는 바짝 긴장한 표정으로 더욱더 열심히 팜 열매를 주웠어요. 옆에 있던 또래 친구들도 감독관 눈치를 살피며 열매를 가득 실은 수레를 잰걸음으로 끌고 갔어요.

"형, 나 좀 도와줘."

고개를 돌려 보니 옆에서 동생이 끙끙대며 열매를 들어 올리고 있었어요. 열매가 꽤 큰 걸로 봐서는 족히 20킬로그램은 돼 보였어요. 아리프는 얼른 달려가 힘을 보탰어요. 두 아이가 끙끙대며 힘을 합쳐 겨우 열매 하나를 수레에 올릴 수 있었어요.

"진짜 무겁다."

팜 나무는 큰 키만큼이나 열매도 커서 열매를 줍는 일도 녹록하지 않아요. 3미터가 넘는 나무에 10킬로그램을 훌쩍 넘는 열매들이 달려 있거든요. 어른들이 끝

이 날카로운 긴 막대로 열매 줄기를 내려치면, 아이들이 다가와 열매를 주워 담아요. 전에는 작은 열매를 줍곤 했는데, 요새는 수확 철이라 바닥에 굵직한 열매들이 많이 떨어져 있어서 일하는 게 부쩍 힘이 들어요. 밤에 자려고 누우면 팔 다리에 통증이 밀려와 쉽게 잠이 들지 못하거든요.

"수레 비우고 올게."

수레가 한가득 채워지자 아리프는 동생을 남겨 두고 어디론가 향했어요. 수레를 밀 때는 넘어지지 않기 위해 항상 신경을 곤두세워야 해요. 열대 우림을 밀어내고 만든 농장이라서 곳곳에 경사가 졌거든요. 게다가 농장 개울에 놓인 다리는 수레 바퀴 하나가 겨우 건너갈 만큼 폭이 좁아서 떨어지지 않도록 조심해야 했어요.

'다시 학교에 갈 수 있을까?'

2년 전, 팜 농장에서 일하는 아버지를 돕기 위해 학교를 그만두고 일을 시작한 아리프는 지금도 매일 학교에 돌아갈 날을 꿈꿔요. 그런데 요새는 절망적인 생각이 들곤 해요. 학교 선생님이 되려면 공부를 계속해야 하는데, 온 가족이 아무리 열심히 일해도 집안 형편이 나아질 기미가 보이지 않거든요. 지금보다 돈을 더 벌려면 더 많은 열매를 주워야 하는데, 새벽부터 나와서 일하면 녹초가 돼 버려요.

"꼬르륵."

그때, 아리프의 배 속에서 소리가 났어요. 팜 농장은 딱히 점심 시간이 정해져 있지 않아서 대부분 일하는 중간에 짬을 내서 밥을 먹는데, 아리프는 일하느라 밥을 제때 챙겨 먹지 못한 거예요.

팜 농장에는 아리프처럼 부모를 도우러 온 아이들이 많아요. 부모가 팜 농장 주인이라고 생각할 수도 있지만, 주인은 따로 있어요. 팜유를 전 세계에 판매하는 다국적 기업이 운영하고 있거든요. 다국적 기업은 공식적으로 아동 노동을 금지하고 있다고 말해요. 그런데 왜 부모들은 아이들을 데리고 농장에 오는 걸까요?

다국적 기업이 곧 법이에요

오늘날 팜 나무는 세계인의 사랑을 받고 있어요. 다른 식물이 가지지 않은 장점이 있거든요. 팜 나무에는 열매가 열리는데 포도처럼 한 송이에 작은 열매들이 달려 있어요. 한 송이에 달린 작은 열매만 해도 1,000개에서 3,000개나 돼요. 게다가 열매도 자주 열려서 1년에 3번에서 4번까지도 수확할 수 있어요. 가격도 매우 저렴한 편이에요.

팜 열매의 인기가 높은 이유는 싼 가격 때문만은 아니에요. 팜 열매로 팜유라는 기름을 만드는데, 팜유는 식물성 기름이지만 독특하게도 동물성 기름에 들어 있는 포화 지방산이 많이 들어 있어요. 그래서 가격이 비싼 동물성 기름을 대체할 수 있어요. 이러한 이유로 팜유의 인기는 하늘 높이 치솟고 있어요. 1999년에는 팜유가 식물성 기름 전체 소비량의 2퍼센트밖에 되지 않았는데, 지금은 1/3을 차지할 정도로 인기가 많아졌거든요.

팜유를 찾는 사람이 많아지자 인도네시아는 1980년대부터 적극적으로 팜 농장을 만들기 시작했어요. 국내 기업만 아니라 해외 기업에도 땅을 빌려 주며 팜 농장을 만들 수 있게 허용했어요. 돈이 많은 해외 기업들은 인도네시아에 들어와 드넓은 열대 우림을 불태우고, 그 위에 대형 팜 농장을 지었어요. 그 결과 인도네시아는 전 세계 팜유의 절반을 생산하며 최대 팜유 생산국이 됐어요. 그런데 팜 농장이 많아질수록 팜유를 쓰지 말자는 목소리도 높아지고 있어요.

인권 단체 국제앰네스티는 팜유 농장에서 벌어지는 인권 침해를 조사하러 인도네시아로 향했어요. 그곳에는 전 세계 팜유 무역의 43퍼센트를 담당하는 싱가포르의 다국적 기업인 월마르의 팜 농장이 있었

거든요. 메그나 에리브리힘 조사관이 방문했을 때, 한 여자가 하소연을 했어요. 혹시나 인터뷰를 했다고 회사로부터 불이익을 당할까 두려워 이름을 밝히지는 않았어요.

"원래 제가 맡은 일은 제초 작업이에요. 그런데 언제부턴가 제초 작업도 하고 떨어진 열매까지 줍고 있어요. 이제는 제초 작업을 끝내도

열매를 줍지 않으면 돈을 받지 못해요. 쉬는 시간이 없어서 새벽 5시 반부터 오후 3시까지 꼬박 일을 하고 있어요. 점심 시간도 없어서 밥은 잠깐씩 짬이 날 때 먹어요.

그런데 월요일부터 토요일까지 꼬박 한 달을 일해도 월급은 15일치밖에 되지 않아요. 제가 일한 양을 제대로 적었는지 물어보면, 앞으

로 주의 깊게 검토하겠다는 말만 하죠."

대형 팜 농장에서 다국적 기업은 곧 법이에요. 하루에 얼마나 많은 일을 할지, 임금은 어떻게 되는지 모든 사항이 기업의 손에 달려 있거든요. 윌마르 기업이 운영하는 농장에서 성인 남성은 하루에 950킬로그램의 열매를 수확하고, 여자들은 15~17개 포대의 비료를 뿌려야 했

어요. 혼자 하기에는 터무니없이 많은 양이었지요.

일이 늘어난 만큼 돈을 더 받는 것도 아니었어요. 회사의 요구대로 일을 해도 돌아오는 대가는 겨우 목숨을 유지할 수준의 최저 임금이었어요. 목표량을 채우지 못하면 그 결과는 더 끔찍했어요. 월급이 깎이는 건 물론, 휴가를 포기하거나 해고를 당하는 생산자들도 있었어요.

팜 농장은 처벌의 위협에 의해 어쩔 수 없이 일하는 '강제 노동'이 일어나는 곳이에요. 회사의 횡포를 보면 인도네시아에서 강제 노동이 허락되는 건 아닌지 의문을 가질 수도 있어요. 하지만 아동 노동과 강제 노동은 인도네시아에서도 엄연한 불법이에요. 게다가 인도네시아 법에는 노동 시간은 일주일에 40시간으로 부득이한 경우 하루 최대 3시간까지만 추가 근무를 할 수 있어요. 물론 추가로 일한 부분에 대해서는 그에 맞는 임금을 받아야 해요. 하지만 정부의 인력이 충분치 않아 농장의 감시가 철저하지 않아요. 기업은 이 점을 이용해 불법

우린 강제 노동과 아동 노동을 금지하고 있어요

을 저지르고 있는 거예요. 더 많은 돈을 벌기 위해서 말이죠. 상황이 이렇다 보니 노동자들은 불이익을 당할까 무서워서 아이들을 농장으로 데려와 일을 시키는 거예요.

"우리 애들이 도와주지 않는다면 목표량을 채우지 못할 거예요. 농장 관리자도 이 사실을 알고 있어요. 우리 아이가 일하는 것을 보고도 아무 말 없이 지나갔거든요."

누군가는 개발을 해야 나라 살림이 나아지고, 결국 모두가 잘살 수 있다고 말해요. 그래서 가난한 나라의 경제 성장을 위해 설립된 세계은행은 국경의 문을 열라고 조언해요. 하지만 해외 투자가 늘어난다고 해서 모두가 부유해지는 건 아니에요. 해외 기업의 주머니는 두둑해졌지만, 팜 농장에서 일하는 사람들은 아이들을 일터로 데려와야 할 만큼 삶이 힘들어졌으니까요.

팜유를 꽁꽁 숨겨라

라면, 아이스크림, 화장품, 커피 믹스, 초콜릿, 샴푸, 세제…….

이 물건들의 공통점은 무엇일까요? 바로 팜유가 들어간다는 거예요. 우리가 사용하는 물건 절반에 사용될 정도로 팜유는 전 세계인의 사랑을 받고 있어요. 그런데 이렇게 두루두루 사용되는데도 불구하고, 왜 팜유는 여전히 낯설기만 할까요?

그건 바로 팜유의 이름이 제대로 표기되어 있지 않기 때문이에요. 물건의 포장지를 살펴보면, 어떤 원료가 포함되어 있는지 알려 주는 성분표가 있어요. 여기에 팜유가 적혀 있어야 하지만, 다른 이름으로 쓰여 있죠. 어떤 이름인지 한번 알아볼까요?

식물성 지방
팜 커널 오일   팜 오일
식물성 유지   팜 올레인   글리세린
팔메이트   팔미테이트   스테아르산   기름야자
팔미트산   팜 스테아린   팔미토일 테트라펩타이드-3
팔미토일 옥소스테아라마이드   소듐 라우릴스 설페이트
소듐 라우릴 락틸레이트   소듐 라우릴 설페이트
소듐 팜 커넬레이트   하이드레이트 팜 글리세아드
소듐 커넬레이트   파리틸 알코올
에틸 팔미테이트

이렇게나 다양한 이름으로 불리고 있어서 팜유를 찾기란 쉽지 않아요. 게다가 우리나라 식품 표시 기준에 따르면 소량만 사용된 원료는 표기하지 않아도 된다고 규정하고 있어요. 대표적인 예가 바로 식물성 유지예요. 식물 종류가 다양해서 이름만 보고는 팜 나무에서 생산된 기름인지, 콩 기름인지, 옥수수 기름인지 알기가 힘들어요. 화학 제품의 경우에도 화학 물질 이름을 적기 때문에 복잡한 이름만 보고는 팜유가 들어 있는지 알기 어려워요.

소비자들이 자신이 사용하는 물건에 비윤리적인 팜유가 포함되어 있는지 알 수 있는 방법은 하나밖에 없어요. 바로 회사의 말을 믿는 거예요. 다국적 기업들은 팜 농장에서 벌어지는 일을 알고 있을까요?

"윌마르 농장에는 아동 노동이 일어나지 않습니다. 이 문제는 절대 용납할 수 없는 일입니다. 아이들이 발견된 곳이 있다면 그건 아마 학교가 쉬는 기간이었을 겁니다. 집에 아이들을 돌봐 줄 사람들이 없어서 부모들이 농장에 아이들을 데려오기도 하거든요. 일터에 아이들을 데려오지 말라고 이미 엄중히 경고했기 때문에 규정을 위반한 사람들에게는 징계가 내려질 것입니다."

윌마르는 아동 노동 사실을 즉각 부인했어요. 농장에 아이들이 있는 이유는 회사와 무관한 일이라고 발뺌했지요. 윌마르에서 팜유를 구입하는 켈로그, 유니레버나 프록터앤드갬블(P&G), 네슬레, 콜게이트-파몰리브와 같은 다국적 기업들도 같은 반응을 보였어요. 그렇다고 팜유가 어디서 왔는지 투명하게 밝히지는 못했어요. 이렇게 팜유는 이름만 아니라 어디서 만들어져서 어떤 물건에 들어가는지조차 철저히 가려져 있어요.

이처럼 세계화는 생산 과정을 복잡하게 만들었어요. 물건이 이 나라 저 나라를 떠돌며 만들어지는 사이, 제품의 정보를 추적하기 어려워졌기 때문이에요. 오늘날 상품에 대한 정보가 넘쳐 나지만 아무리 물건을 살펴도 팜유라는 이름을 찾지 못하고, 인터넷을 검색해도 그 생산 과정을 알 수 없어요. 결과적으로 세계화는 소비자와 생산자의 거리를 더 멀게 만들어 버렸어요. 생산 과정을 투명하게 만드는 일은 팜유 농장의 아이들을 구하기 위한 첫 걸음이에요.

팜유의 이름을 찾아 주세요

팜 농장에서 강제 노동과 아동 노동이 벌어지고 있다는 이야기는 여러분들을 분노하게 만들었을 거예요. '사람들을 힘들게 하는 팜유를 사용하지 맙시다!'라고 외치고 싶을지도 몰라요. 하지만 당장 팜유를 없애기란 쉬운 일이 아니에요. 쇼핑을 하는 사람들이 팜유의 존재를 모르기 때문이에요. 다행인 점은 세계 곳곳에서 팜유의 이름을 돌려 달라고 요구하는 사람들이 생겨난다는 거예요.

"팜유의 이름을 되찾아 줍시다! 이 생각에 찬성하시는 분께서는 여기에 서명해 주세요!"

오스트레일리아의 시민 단체 주빅토리아는 팜유에 얽힌 문제를 알고 분노했어요.

'팜유 회사를 바꿀 수 있는 건 소비자들이야. 그런데 소비자들은 어떤 물건에 팜유가 들어가는지 모르는데 어떻게 하지?'

곰곰이 생각한 끝에 주빅토리아는 결론을 내렸어요. 이 문제를 해결하기 위해 팜유를 제대로 표기하자는 법을 만들자는 거였지요. 이렇게 팜유 표기법을 만들자는 캠페인이 벌어졌어요. 법은 다같이 지키는 규칙이기 때문에 소수의 의견만으로는 만들 수가 없으니까요.

캠페인을 통해 팜유 문제를 알게 된 오스트레일리아 시민들의 반응은 매우 뜨거웠어요. 16만 3천 명이 팜유 표기법에 찬성한다는 서명을 했거든요. 주빅토리아는 이 서명을 닉 제노폰 상원 의원에게 전달했어요. 하지만 반대하는 목소리도 만만치 않았어요.

"이 법안은 팜유 업계에 종사하는 사람들을 힘들게 만드는 일입니다. 윤리적인 팜유 인증을 받으려면 막대한 돈이 들어가니까요. 팜유 1톤당 만 원이 넘는 인증 비용이 들어갑니다."

법안이 만들어지자 팜유 회사들은 거세게 반대했어요. 법이 통과되면 정말 회사들은 피해만 보게 될까요? 유럽 연합은 2014년 12월부터 식품에 식물성 기름이 들어갈 경우, 기름의 종류를 구체적으로 표기하는 법을 시행하고 있어요. 소비자의 알 권리를 존중한 거예요. 표기법이 가져온

결과는 놀라웠어요. 법이 시행되기도 전부터 회사들은 소비자의 마음을 잡기 위해 윤리적인 팜유로 상품을 만들기 시작했거든요. 팜유가 윤리적인 방법으로 만들어지는지 검사한 후 인증을 해 주는 기관인 지속 가능한 팜유 생산을 위한 협의회 대표인 다니엘 몰리가 말했어요.

"작년에 비해 인증된 팜유를 요청하는 기업이 늘었어요. 한 해 동안 판매량이 65퍼센트나 늘었습니다. 유럽 연합에서 법이 시행될 걸 알고, 회사들이 미리 준비를 하는 거죠."

주빅토리아 시민 단체의 노력은 주변 나라에도 긍정적인 영향을 줬어요. 옆 나라 뉴질랜드에서도 팜유를 표기하자는 캠페인을 시작했어요.

"소비자들의 알 권리를 위해서 필요한 일입니다."

"이 정보를 보고 무엇을 할지는 소비자의 판단에 맡겨야 합니다."

상품을 만드는 회사가 가장 관심을 기울이는 건 환경도 아동 노동도 아닌, 소비자의 마음이에요. 소비자가 저렴한 제품을 원한다면, 가격을 낮추는 방법을 고민해요. 윤리적인 제품을 구매한다면, 윤리적인 방법으로 제품을 만들죠. 팜 농장에서 일하는 아이들을 구하고 싶은가요? 그렇다면 팜유의 이름을 찾아 주는 것부터 시작해 보세요.

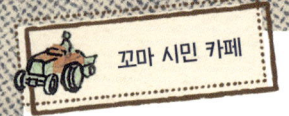 꼬마 시민 카페

땅을 뺏지 말아 주세요

팜 농장이 들어서기 전 인도네시아가 어떤 모습이었는지 상상해 본 적이 있나요? 피그미 코끼리, 호랑이, 오랑우탄이 뛰어 노는 울창한 열대 우림으로 뒤덮여 있었어요. 주민들은 숲이 주는 과일을 따 먹고, 주변 땅에 농사를 지으며 오순도순 평화롭게 살고 있었어요. 하지만 팜 농장 건설 계획이 발표된 후부터 마을에 평화가 깨졌어요. 주민들은 시위도 해 보고 트럭 앞을 막아서도 봤지만, 마을은 순식간에 불에 타 버리고 말았죠. 갈 곳을 잃은 주민들은 어떻게 됐을까요?

"제가 어렸을 때는 마을 근처에 있는 숲에서 코코넛과 파파야, 망고를 따 먹기도 하고, 밭에서 채소를 기르며 풍요롭게 살았어요. 그런데 이제 제 자식들은 그렇게 살지 못하겠죠."

팜 농장이 들어서는 바람에 집을 빼앗긴 이르산은 부모가 물려준 풍요로운 숲을 아이들에게 물려줄 수 없다는 사실이 매우 슬펐어요. 집도, 생계 수단도 잃은 이르산에게 보상금으로 쥐어진 돈은 겨우 100만 원이었거든요.

숲이 사라진 뒤 이르산 가족은 전보다 더 가난한 삶을 살고 있어요.

이렇게 땅을 강제로 빼앗듯이 진행되는 거래를 '땅 뺏기'라고 불러요.

팜 농장 때문에 강제로 집과 땅을 빼앗긴 사람들은 인도네시아에만 있는 게 아니에요. 슬프게도 이런 일은 전 세계에서 벌어지고 있어요.

아프리카의 마다가스카르, 라이베리아, 우간다, 오세아니아의 파푸아뉴기니, 남아메리카의 온두라스에서도 해외 기업들이 들어와 대형 팜 농장을 짓고 있거든요.

팜 농장을 짓기 위해 진행 중인 땅 거래는 전 세계 263건, 총 56,000㎢에 달하는 크기예요. 땅 뺏기로 이루어진 토지 거래는 기업들에게 안정적이고 높은 수익률을 보장하지만, 빼앗긴 사람에게는 빈곤을 가져왔어요.

유엔은 팜유 생산국인 인도네시아와 말레이시아 열대 우림의 98퍼센트가 10년 이내에 사라질 것이라고 경고하고 있어요.

지금처럼 땅 뺏기가 진행된다면 앞으로 얼마나 더 많은 주민들이 쫓겨나야 할까요?

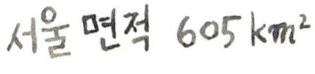

▶ 팜 농장을 지으려고 거래되는 땅의 크기

56,000㎢ (서울의 92배)

코트디부아르 초콜릿은
왜 유명하지 않을까요?

05

전 세계에서 초콜릿을 가장 많이 먹는 나라는 어디일까요?

유명한 초콜릿 회사가 있는 스위스에서는

한 사람이 1년에 200개가 넘는 초콜릿을 먹어요.

그럼 카카오를 생산하는 나라는 어떨까요?

초콜릿이 싸서 훨씬 더 많이 먹을 것 같다고요?

전 세계 카카오의 40퍼센트는 코트디부아르에서, 20퍼센트는 가나에서 재배되지만,

생산자들은 가난해서 초콜릿은 먹어 보지도 못해요.

게다가 카카오 농장은 인신매매를 당한 아이들을 데려와

농사를 시켜야 하는 상황이지요.

초콜릿의 몸값은 나날이 높아만 가는데

왜 카카오 농장에서는 아동 노동이 끊이지 않는 걸까요?

초콜릿 회사를 소송한 카카오 농장 아이들

"원고측 변호인 진술하세요."

미국 캘리포니아의 한 법정은 삼엄한 분위기에 긴장감마저 감돌았어요. 판사의 말에 변호사로 보이는 키 큰 남자가 자리에서 일어났어요.

"우리가 먹는 초콜릿을 누가 만드는지 아십니까? 바로 말리의 아이들입니다. 이 아이들이 초콜릿을 만드는 데 가장 중요한 카카오를 재배하고 있습니다. 헌데, 이상한 건 카카오는 말리에서 재배되지 않는다는 사실입니다. 그런데 왜 말리 아이들이 카카오를 따고 있을까요? 저희 원고의 이야기를 들어 보겠습니다."

변호사의 말에 모든 이목은 19살 존에게 집중됐어요. 자신을 바라보는 사람들의 시선에 온몸이 떨려 왔지만, 존은 용기를 내어 입을 떼었어요. 변호사의 말이 사실인지 알기 위해 모두 존의 목소리에 귀를 기울였어요.

"저는 말리에서 태어나 살았습니다. 그런데 14살부터 코트디부아르에서 살게 됐습니다. 제가 원해서 가게 된 건 아니었습니다.

모르는 사람들이 다짜고짜 저를 데리고 가는 바람에 국경을 넘게 됐어요. 며칠 후, 그 사람들이 저를 카카오 농장 주인에게 팔았다는 것을 알게 됐습니다. 그 뒤로 6년 동안 농장에 갇혀 살았어요."

그때를 생각하니 다시 울컥한 마음이 드는지 존의 목소리가 심하게 떨렸어요.

"농장에서는 어떤 일을 했습니까?"

존의 침묵에 옆에 있던 이브라힘이 대신 이야기를 이어갔어요.

"저희는 해가 뜰 무렵부터 질 때까지 하루 종일 농장에서 일했습니다. 낫으로 카카오 열매를 따고, 껍질을 벗긴 후 씨앗을 빼서 말리는 일을 했어요. 쉬지 않고 말이죠."

존보다 두 살이나 어렸지만 감정에 동요하지 않고 담담하게 말을 이어 나갔어요.

"상황을 좀 더 구체적으로 말씀해 주시겠어요?"

"제가 농장에 팔려 갔을 때, 거기에는 제 또래의 애들이 많이 있었어요. 대부분이 저처럼 말리에서 인신매매를 당해 온 아이들이었어요. 우리는 일주일에 6일을 일했는데, 일한 대가로 받는 것이라곤 간신히 끼니를 때울 만큼의 음식이었어요. 말도 통하지 않아 처음에는 매도 많이 맞았어요. 어떤 소리인지 모르니, 당연히 일을 잘 못할 수밖에요."

"폭행이 있었다고요? 얼마나 심한 구타가 있었는지 이야기해 주시겠어요?"

원고인 자리에 앉아 있던 세 번째 남자 아이에게 순서가 돌아갔어요.

"카카오 농장에서 일한 모든 아이의 몸에는 상처가 있어요. 조금이라도 느리다 싶으면, 옆에 있는 나뭇가지를 집어다 때리곤 했으니까요. 그리고 일을 하다 보면 다칠 수밖에 없어요. 어린아이가 안전 장비도 없이 긴 낫을 들고 일한다는 게 쉽지 않거든요. 그때 생긴 상처가 아직도 있습니다."

알리는 사람들이 자신의 상처를 볼 수 있도록 손을 펼쳐 보였어요.

"사실 저는 매를 맞는 것보다 감옥 같은 생활이 더 힘들었어요. 우리가 도망이라도 갈까 봐 돌아가면서 저희를 감시했거든요. 밤이면 어김없이 숙소 문을 잠궜어요. 희망이 없는 삶이 제일 지옥 같았어요."

"이상입니다."

알리의 진술을 마지막으로 원고측 변호가 끝이 났지만, 충격을 받은 사람들의 웅성거림은 멈출 줄 몰랐어요. 그런데 세 명의 말리인은 왜 미국에서 이런 진술을 하고 있는 걸까요?

가까스로 카카오 농장에서 탈출한 세 명은 미국 초콜릿 회사를 고소 했어요. 세계 3대 다국적 초콜릿 회사인 네슬레, 아처 대니얼스 미들랜드, 카길이었어요. 이 회사는 아이들이 일하는 농장에서 생산된 카카오를 가져다 초콜릿을 만들고 있었거든요. 회사가 직접적으로 아이들에게 일을 시킨 것은 아니지만, 이 사실을 알고도 카카오를 구입했다면 아동 노동을 방관한 것이나 마찬가지니까요.

거대한 다국적 기업을 상대로 힘없는 외국인 세 명이 소송을 냈다는 소식에 세계가 놀랐어요. 이를 계기로 초콜릿을 사랑하는 사람들은 카카오 농장에 아이들이 일하지 못하게 해야 된다고 목소리를 높였어요. 과연 카카오 농장에 변화가 찾아왔을까요?

안타깝지만 여전히 지금도 210만 명이 넘는 아이들이 코트디부아르와 가나를 포함한 서아프리카의 카카오 농장에서 일을 하고 있어요. 그중에는 존, 이브라힘, 알리처럼 인신매매로 끌려온 아이들도 있고요. 도대체 왜 이런 일이 끊이지 않고 일어날까요?

2,000원으로 하루를 산다는 것은 어떤 의미일까?

"올해 초콜릿 순 매출액만 21조 원입니다!"

2016년, 트윅스와 도브 초콜릿을 만드는 미국 기업 마스는 초콜릿을 팔아 세계에서 가장 많은 이득을 남겼어요. 2위로는 오레오 과자로 유명한 미국의 몬델리즈 인터내셔널이 19조, 3위에는 스위스 기업인 네슬레가 12조의 매출을 올렸지요. 그렇다면 초콜릿을 만들 때 가장 중요한 원료인 카카오를 생산하는 농민들의 삶도 윤택해졌을까요?

"카카오 생산자들이야 말로 우리나라 경제를 이끄는 핵심이에요. 그런데 보세요. 우리 삶은 조금도 달라지지 않았어요. 그 많은 수익은 도대체 어디로 사라진 거죠?"

서아프리카 가나에서 카카오 농사를 짓는 76세 아퓨케 에약 할아버지가 말했어요. 할아버지는 지난 30년 동안 열심히 카카오 열매를 재배했지만, 여전히 가난에 허덕이고 있어요. 빈곤에 처한 생산자는 에약 할아버지만이 아니에요. 전 세계 카카오의 60퍼센트는 서아프리카에서 생산되지만, 200만 명이 넘는 생산자들이 빈곤에 처해 있거든요. 그런데 빈곤에 빠졌다고 할 때, 그 기준은 무엇일까요?

"하루에 1.90달러의 돈조차도 쓰지 못할 때, 우리는 가난하다고 말합니다."

> 이 돈만으로 먹고 쓰며 하루를 지내야 해.

빈곤을 나누는 다양한 기준이 있지만, 국제 금융 기관인 세계 은행은 이런 혼란을 막기 위해서 가난의 기준을 정해 놓았어요. 1.90달러는 우리 돈으로 2,000원 정도예요. 나라마다 다른 주머니 사정을 고려한다 해도 전 세계 어디에서든 하루에 2,000원이 없으면 생존에 필요한 의식주를 해결할 수 없기 때문이에요. 수입이 적어 하루에 이 정도의 돈도 쓸 수 없다면, 그 사람을 가리켜 '절대 빈곤 상태에 있다.'라고 말해요.

코트디부아르의 카카오 생산자들이 인신매매를 당한 아이들을 데려다 일을 시키는 이유도 절대 빈곤과 관련이 있어요. 카카오 열매는 긴 낫을 이용해 사람이 직접 손으로 따고 껍질을 벗겨야 해서 유독 손이 많이 가는 작물이에요. 가족만으로는 농사를 짓기 힘든 상황이라 다른 사람을 고용해야 하는데, 생산자들은 다른 노동자를 쓸 돈이 없어요. 가나 생산자의 경우 하루 평균 84센트, 코트디부아르는 50센트를 벌거든요. 절대 빈곤에 놓여 있는 처지라 불법인 걸 알아도 아이들

을 데려다 일을 시키는 거예요.

하지만 선뜻 이해가 되지 않는 부분도 있어요. 편의점과 마트 진열장 한쪽을 모두 차지할 정도로 초콜릿은 많이 팔리고 있잖아요. 게다가 초콜릿을 나눠 주는 밸런타인데이나 핼러윈 데이에는 너도 나도 초콜릿을 사느라 바쁜데 말이에요. 그렇다면 초콜릿을 팔아서 돈을 버는 사람들은 누구일까요?

우리가 2,000원짜리 초콜릿 한 개를 산다고 가정해 봐요. 그러면 이 중에서 870원은 초콜릿을 판매하는 회사가 가져가요. 700원은 초콜릿을 만드는 회사에게, 150원은 카카오를 잘게 부숴 가루로 만드는 회사에 돌아가요. 40원은 운반비로, 80원은 세금으로 사용해요. 생산자들에게 주어지는 돈은 겨우 160원이에요.

최근에는 배고픔을 견디다 못해 농사를 포기하는 사람들까지 생겨나고 있어요. 빈곤 문제를 해결하지 못하면 농사를 포기하는 사람이 늘어나 초콜릿 산업에 좋지 않은 영향을 끼칠 거예요.

카카오 농장의 아동 노동 이야기가 알려질 때마다 비난의 화살은 생산자들에게 향해요. 생산자들이 아이들에게 일을 시키는 건 분명 잘못된 행동이에요. 아이들의 꿈을 빼앗고, 폭력을 행사하는 건 더더욱 나쁜 일이에요. 하지만 카카오 농장의 아동 노동 문제를 생산자들의 탓으로만 돌릴 수는 없어요. 근본적인 원인은 아무리 열심히 일해도 생산자들에게 정당한 몫이 분배되지 않는 초콜릿 시장에 있기 때문이에요.

자유 시장은 자유롭지 않아요

"국제 무역은 경제를 활성화하고, 빈곤을 퇴치하는 데 매우 중요한 역할을 하고 있습니다. 자유로운 무역을 방해하는 장벽을 없애고, 가난한 나라들이 더 많은 물건을 팔아 돈을 벌 수 있도록 합시다!"

2001년, 카타르 수도 도하에 각 국가들의 대표들이 모였어요. 어떻게 하면 가난한 사람들을 빈곤에서 벗어나게 할지 아이디어를 모으기 위해서였어요. 국가 간 자유로운 거래를 가로막았던 관세를 내리자는 생각도 그중 하나였지요. 관세는 물건이 국경을 넘을 때 부과하는 세금이에요. 수입품에 세금을 붙이면 물건의 가격이 올라가기 때문에, 많은 국가들이 자국 산업을 보호하는 수단으로 관세를 이용하고 있었거든요. 오늘날 국가들은 관세를 없애는 데 적극적으로 참여하고 있을까요?

2014년, 유럽 연합과 서아프리카 국가들은 10년 간의 논의 끝에 '경제동반자협정'을 체결하기로 했어요. 관세를 없애서 서아프리카 물건

이 유럽 시장에 더 많이 판매될 수 있도록 하는 게 목적이었지요.

하지만 카카오 생산국에는 큰 이익이 돌아오지 않았어요. 누구나 자유롭게 무역을 할 수 있다는 말에 초콜릿 시장을 뚫어 보려고 했지만, 결코 쉬운 일이 아니었어요. 카카오 열매에는 세금이 없었지만, 초콜릿과 같은 돈이 되는 가공품에는 여전히 높은 관세가 부과됐거든요. 이 결과, 카카오 생산국은 이윤이 적은 카카오만 생산해야 했지요.

예를 들어, 코트디부아르에서 카카오 1킬로그램의 가격이 100원이라면, 관세가 붙지 않아 유럽에서도 100원에 팔려요. 하지만 초콜릿 무역은 달라요. 초콜릿에는 관세가 붙기 때문에 유럽에 수출을 할 경우 가격이 껑충 뛰어요. 그러면 유럽 사람들은 가격이 비싸다는 이유로 코트디부아르 초콜릿을 구입하지 않을 거예요. 점점 인기를 잃어, 결국 마트에서 모습을 감추게 될 수밖에 없어요. 그렇다면 혜택을 보는 사람은 누구일까요? 바로 유럽의 초콜릿 기업들이에요. 싼 가격에 카카오를 들여와 초콜릿을 만들 수 있을 뿐만 아니라 경쟁자도 사라지기 때문에 일석이조인 셈이지요. 이렇게 세금을 통해 무역을 방해하는 것을 관세 장벽이라고 불러요.

가난한 나라의 무역을 방해하는 건 관세만 있는 것은 아니에요. 비관세 장벽이라는 눈에 보이지 않는 걸림돌도 있거든요. 비관세 장벽은 직접적으로 세금을 내지는 않지만, 수출 양을 제한하거나, 갖가지 명목으로 추가 비용을 부담하게 하고, 검사 항목을 늘려 수출 절차를 까다롭게 만드는 방법이에요. 예를 들어, 미국 농업법에는 초콜릿처럼 우유가 들어간 제품에 추가 비용을 부가하고 있어요. 우유 홍보 비용이 필요하다는 이유로 말이에요. 동시에 수출 양도 제한하고 있어요. 결과적으로 비관세 장벽 역시 가난한 나라의 초콜릿이 설 자리를 막고 있는 거예요.

"자유 시장은 없다!"

영국 케임브리지대 경제학과 장하준 교수는 이렇게 말했어요. 사람들은 자유 시장이 경제를 성장시키고 인류의 삶의 질을 높이는 길이라고 말해요. 하지만 그 전에 '자유 시장은 정말 자유로운가?'에 대해 곰곰이 생각해 봐야 해요. 지금처럼 잘사는 국가가 가난한 나라의 무역을 방해한다면, 아무리 노력해도 경쟁에서 이길 수 없기 때문이에요. 여러분은 자유 시장이 정말 자유로워 보이나요?

해리 포터가 악당과 싸우는 법

먹으면 귀지 맛이 나는 젤리, 끊임없이 코피를 흐르게 하는 사탕, 며칠이 지나도 바람이 빠지지 않는 풍선껌까지. 이 간식들의 공통점은 무엇일까요? 바로 해리 포터예요. 영화를 본 사람들은 모두 한 번씩 꿈꿔 봤을 거예요. "이 간식들을 현실에서도 맛볼 수 있다면 얼마나 좋을까?"라고 말이죠. 그런데 정말 사람들의 바람처럼 몇몇 간식들이 실제로 판매되기 시작했어요. 대표적 상품이 바로 상자를 열면 초콜릿을 잔뜩 묻힌 개구리가 튀어나오는 '개구리 초콜릿'이에요.

"저도 드디어 개구리 초콜릿 먹었습니다!"

초콜릿은 세상에 나오자마자 불티나게 팔려 나갔어요. 사람들은 개구리 초콜릿을 먹으며 잠시나마 해리 포터가 된 듯한 행복을 느꼈거든요. 그런데 어느 날, 놀라운 소식이 전해졌어요. 해리 포터 팬들이 나서서 초콜릿을 사지 말라는 운동을 벌인 거예요. 도대체 왜 이런 일이 벌어졌을까요?

"이 초콜릿은 아이들의 손으로 재배한 카카오로 만들어졌습니다. 해리 포터의 이름이 더럽혀지지 않게 도와주세요."

영화 속 해리 포터는 어떤 이미지였나요? 위기에 처한 사람들을 구해 주고, 악당 볼드모트에 맞서 싸우는 영웅이었어요. 그런데 현실에서는 해리 포터가 카카오 농장의 아이들을 힘들게 하는 악당이나 다름없었어요. 팬들은 이 사실에 매우 분노하며 해리 포터의 정의로운 모습을 찾아 주려고 노력했어요.

"개구리 초콜릿을 만들 때, 앞으로는 윤리적으로 생산된 카카오만 사용해 주세요!"

해리 포터 팬들은 초콜릿 회사에 항의하기 시작했어요. 하지만 회사는 팬들의 말을 들어주지 않았어요. 영화는 영화일 뿐, 현실과는 관계없다고 여겼던 거예요.

팬들은 포기하지 않았어요. 다양한 방법으로 더 많은 사람들에게 이 사실을 알렸어요. 전 세계에 퍼져 있는 해리 포터 팬들의 서명을 받아 회사에 전달하기도 하고, 해리 포터에 나오는 예언자 신문도 만들었어요. 예언자 신문에는 회사와의 싸움에서 승리한다는 메시지가 담겨 있었어요. 그렇게 1년, 2년……4년이란 시간이 흘렀어요.

"카카오를 바꾸겠습니다. 앞으로 해리 포터와 관련된 모든 초콜릿은 윤리적인 카카오로만 만들겠습니다."

팬들의 끈질긴 노력에 회사가 드디어 두 손을 든 거예요. 해리 포터의 마법은 여기서 끝이 났을까요? 아니에요. 해리 포터 팬들은 해리 포터 연합이라는 단체를 만들어 전 세계를 정의롭게 만드는 일을 하고 있거든요. 해리 포터가 물건을 소환할 때 사용하는 주문을 따서 '아씨오! 책'이라는 캠페인을 벌이기도 했어요. 책을 기부 받아 도서관을 지어 주는 활동이에요. 그리고 지진으로 힘들어진 아이티에 성금을 모아 기부하기도 했어요.

"세상을 바꾸는 데에는 마법이 필요치 않습니다. 더 나은 세상을 상상할 수 있는 힘은 이미 우리 안에 존재하니까요."

해리 포터를 쓴 작가 JK 롤링의 말이에요. 여러분은 어떤 초콜릿을 원하나요?

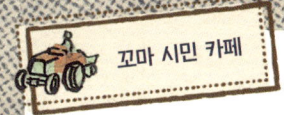 꼬마 시민 카페

초콜릿은 누가 먹을까?

세계는 점점 더 기울어지고 있어요.

가난한 사람은 점점 더 가난해지고,

부유한 사람은 점점 더 부자가 되고 있거든요.

그런데 사람과 사람 사이에만 빈부 차이가 존재하는 것은 아니에요.

나라와 나라 사이에도 부의 차이가 점점 더 커지고 있어요. 부자 나라와

가난한 나라의 상황을 보여 줄 수 있는 대표적인 예가 바로 달콤한 초콜릿이에요.

"초콜릿이 뭐예요?"

카카오 농장에서 극적으로 탈출한 아이들도, 하루 종일 카카오를 따는 생산자들도

초콜릿에 대해서 알지 못해요. 초콜릿에서 가장 중요한 카카오를 생산하지만,

단 한 번도 달콤한 초콜릿을 맛보지 못했어요. 카카오 열매를 아무리 많이 팔아도

그 돈으로는 비싼 초콜릿을 구매하기 어렵거든요.

믿기 어렵다고요? 카카오 열매는 코트디부아르, 가나, 카메룬, 나이지리아와 같은

서아프리카에서 생산되고 있어요.

반면 초콜릿은 미국, 독일, 프랑스, 영국, 러시아, 일본과 같은 선진국에서 많이 팔려요. 전 세계에서 생산되는 카카오의 80퍼센트가 선진국에서 소비되고 있거든요. 하지만 아프리카 내 초콜릿 소비는 전체 생산량의 3.3퍼센트밖에 되지 않아요. 대부분의 카카오 열매는 미국과 유럽으로 수출해서 초콜릿으로 만들어지기 때문이에요. 이렇게 전 세계 사람들로부터 사랑받는 초콜릿 하나에도 부자 나라와 가난한 나라의 불평등한 관계가 담겨 있어요. 누구는 카카오 열매만 따고, 누구는 초콜릿만 먹어도 되는 세상은 달콤하지 않답니다.

코코아 생산국과 소비국

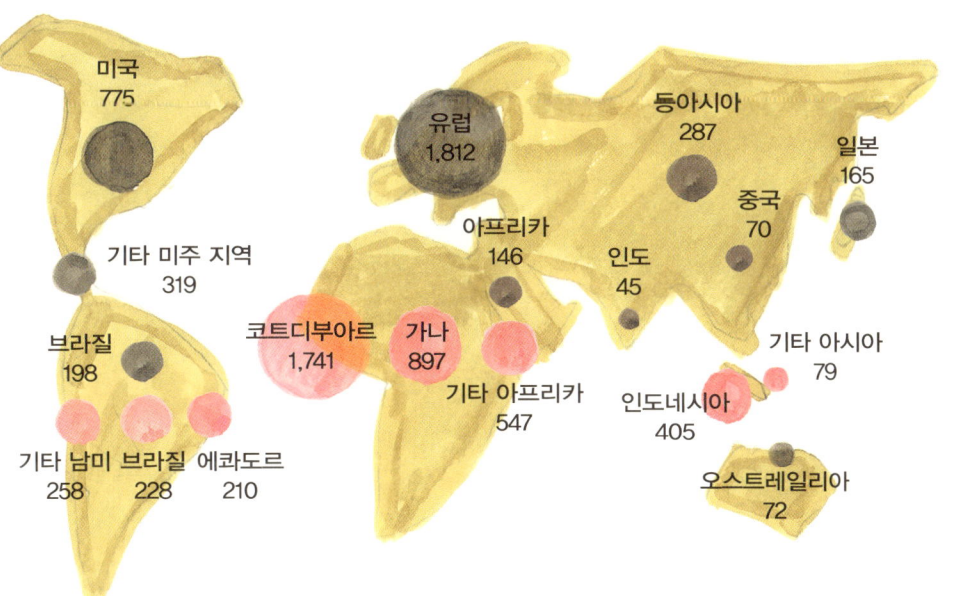

▲ 갈색-초콜릿 소비국, 분홍-카카오 생산국 (단위 : 천톤)

나의 하루를 바꾸면
아동 노동이 사라진다

먼지를 마시며 옷을 만드는 방글라데시의 그림자 공장 친구들,

학교 대신 목화밭으로 향하는 우즈베키스탄 친구들,

부모를 도와야 할 만큼 가난에 허덕이는 인도네시아 팜 농장 친구들,

인신매매를 당해 카카오를 따야 하는 코트디부아르 농장 친구들까지.

이 친구들의 이야기를 듣고 나니, 마음에 분노가 불끈 솟아오르나요?

'내가 할 수 있는 일은 없어.'라며 벌써 포기한 건 아니죠?

아동 노동 문제를 없애기 위해 세계 곳곳에서 노력하는 사람들이 있어요.

나의 하루를 조금 바꿔 변화를 만들어 내는 사람들이지요.

마지막 수업에서는 일상에서

아동 노동 문제를 해결할 수 있는 방법을 고민해 볼 거예요.

누가 내 옷을 만들었을까?

패션업계는 공급과 생산 과정이 복잡하기로 유명해요. 천에 색을 입히고, 재단을 하고, 재봉질을 하며, 단추를 붙이고, 다림질을 한 뒤 포장을 하려면 여러 공장을 거쳐야 하기 때문이죠. 패스트 패션의 등장은 공장들 사이에 속도와 가격 쟁탈전이 일어나게 만들었죠. 그 결과 이름도 없는 그림자 공장에서 인건비가 저렴한 아이들이 일하는 일이 벌어졌어요. 이 문제를 해결할 수 있는 방법은 없을까요?

"우리의 옷을 누가 만들고 있는지 의류 회사에 질문을 던져야 합니다!"

방글라데시 옷 공장에서 일하는 사람들의 열악한 상황을 알게 된 영국 디자이너 캐리 써머와 오솔라 드 카스트로가 해결책을 제안했어요. 옷이 어디에서, 어떻게 만들어지는지 공급 과정을 투명하게 밝힌다면, 회사들이 문제 해결에 앞장 설 거라는 생각에서 말이에요.

의류 회사 절반은 자신들의 옷이 어떤 공장에서 생산되는지 모르고 있어요. 그래서 문제가 일어나고 있는지조차 모르는 브랜드들이 많아요. 그런데 만약 소비자들이 공급 과정을 전부 알고 싶다고 요구한다면, 의류 회사는 옷이 그림자 공장에서 아이들이 일하며, 불법으로 세워진 건물에서 노동자들을 착취하는 방식으로 만든 건 아닌지 조사를 할 거예요. 만약 거짓말을 하거나, 비윤리적으로 만들었다는 사실이 알려진다면 소비자들의 신뢰를 잃을 수 있으니까요.

두 디자이너의 의견이 공감을 얻으면서 2014년에 '패션레볼루션 데이'라는 단체가 만들어졌어요. 라나 플라자에서 사고가 있은 지 딱 1년 만이었어요. 이 단체의 목표는 분명했어요. 옷이 만들어지는 과정을 투명하게 밝히는 것이었어요.

패션 레볼루션 데이는 누구나 참여할 수 있는 "누가 내 옷을 만들었나요?"라는 캠페인을 만들어 생산자 얼굴 찾기를 하고 있어요. 방법은 매우 간단해요. SNS를 통해 "누가 내 옷을 만들었나요?"라고 질문

을 던지면 되거든요. 그러면 "제가 이 옷을 만들었어요"라는 종이를 든 생산자의 연락을 받을 수 있어요. 정말인지 믿기가 어렵다고요? 그럼 이 캠페인에 참여했던 튀르키예의 데니즈 우촉의 이야기를 들려줄게요.

"저는 마시모두띠에서 티셔츠를 샀습니다. 이 옷을 누가 만드는지 궁금합니다."

데니즈는 자신의 SNS에 티셔츠 라벨과 함께 글을 올렸어요. 마시모두띠는 스페인 회사의 브랜드인데 전 세계적으로 4,000명의 의류 생산자를 고용하는 큰 회사였어요. 그래서 처음 이 캠페인에 참여할 때 데니즈는 큰 기대는 하지 않았어요. 그런데 얼마 지나지 않아 답변

을 받았어요.

"안녕하세요. 당신의 셔츠는 포르투갈의 산 마르틴호 캄포에 있는 공장에서 만들어졌습니다. 이 공장에는 180명의 사람들이 일하고 있고, 얼마 전에 진행된 노동 환경 평가에서 가장 좋은 점수를 받았습니다. 마시모두띠가 판매하는 모든 옷의 생산지는 투명하게 공개하고 있습니다. 감사합니다."

2016년 패션 레볼루션 데이 캠페인에는 97개국에서 7만 명이 넘는 사람들이 참여했어요. 그 결과, 마시모두띠, 자라, 아메리칸 어패럴을 포함한 1,000개가 넘는 브랜드와 의류 업자들에게 답이 왔어요. 그 전년도에 비해 4배 이상의 생산자가 대답한 셈이에요. 이에 디자이너 캐리 써머는 이렇게 말해요.

"우리는 생각하는 것보다 더 큰 힘을 가지고 있어요. 우리의 질문, 의견, 쇼핑 습관은 의류 산업을 지금보다 더 좋게 만들 거예요."

이 캠페인을 만든 목적은 사람들의 호기심을 일으켜, 옷이 만들어지는 과정에 대해 직접 알아보게 만드는 거에요. 그렇게 되면 점점 더 많은 소비자와 회사들이 옷의 생산 과정에 관심을 가질 테니까요. 세상을 바꾸는 5분에 참여해 보는 건 어떤가요?

STEP 1 라벨을 사진으로 찍어요

옷에 붙어 있는 라벨을 사진으로 찍어 주세요.

STEP 2 SNS에 해시태그(#)를 달아 올려 주세요

페이스북, 인스타그램, 트위터와 같은 SNS에 '제 옷을 만들어 주셔서 감사합니다!'라는 글과 함께 사진을 올린 후, #브랜드, #whomademyclothes라고 해시태그를 달아 주세요. 그러고 나서 3명의 친구들에게도 캠페인을 알려 주세요.

STEP 3 결과를 공유해 주세요

생산자로부터 답을 받았다면, 패션레볼루션데이(fashionrevolution.org)에 결과를 공유해 주세요.

서명으로 세상을 바꿔요

우즈베키스탄은 시민들에게 노동을 강요하는 나라로, 학생들은 가을이면 학교 대신 목화밭에서 일을 해야 해요. 아이들이 교육을 받을 수 있도록 하기 위해서는 무엇보다 독재 정부의 생각을 바꾸는 것이 중요해요. 어떻게 하면 우즈베키스탄 정부의 마음을 돌릴 수 있을까요?

가장 좋은 방법은 우즈베키스탄 목화를 사들이는 다국적 기업의 태도를 바꾸는 거예요. 우즈베키스탄 정부는 목화를 수출해 돈을 벌기 때문에 기업과 긴밀한 관계를 갖고 있어요. 만약 기업들이 우즈베키스탄 정부에게 아동 노동이 없는 윤리적인 목화만 사들이겠다고 한다면, 정부는 목화를 팔아야 하기 때문에 기업의 말을 들을 수밖에 없거든요.

기업을 변화시키는 방법 중의 하나가 바로 서명 운동이에요. 온라인을 통해 누구나 참여할 수 있는 캠페인으로, 자신의 이름과 이메일 주소를 적기만 하면 되는 간단한 활동이에요. 하지만 그 효과만큼은 결코 무시할 수 없어요.

"비윤리적인 기업과 거래하지 말아 주세요!"

미국 포틀랜드의 나이키 공장 앞에서 사람들이 피켓을 들고 소리 높여 외쳤어요. 이 사람들이 말하는 비윤리적인 기업이란 바로 우리나라 기업인 포스코인터내셔널을 가리켰어요. 도대체 두 기업 사이에 어떤 일이 있었을까요?

우즈베키스탄 목화 문제를 해결하고자 전 세계 시민 단체들은 대대적인 캠페인 활동을 벌였어요. 코튼 캠페인이라는 이름의 이 활동은 목화를 구입하는 회사들을 대상으로 우즈베키스탄 목화를 구입하지 않도록 설득하고, 약속을 받았어요. 그런데 포스코인터내셔널은 코튼

캠페인의 말을 듣지 않고 우즈베키스탄 목화를 구입했어요. 코튼 캠페인은 방향을 바꿔 포스코인터내셔널과 거래를 하는 나이키를 설득하기로 했어요. 만약 나이키가 포스코인터내셔널과 거래를 중단한다면, 포스코인터내셔널이 조금은 아동 노동 문제에 관심을 가질지도 모르니까요.

코튼 캠페인의 주도로 나이키를 향한 서명 운동이 펼쳐졌어요. 시민들은 비윤리적 기업인 포스코인터내셔널과 거래를 멈춰 달라는 의견이 담긴 서한에 사인을 했어요. 코튼 캠페인은 그렇게 모인 9만 장의 서명을 나이키에 전달하며, 불매 운동을 하겠다는 뜻을 내비쳤어요.

"포스코인터내셔널과 거래를 중단하겠습니다."

나이키는 결국 소비자의 요구를 들어주기로 결심했어요. 그동안 어렵게 쌓아 올린 좋은 기업이라는 이미지를 포스코인터내셔널과의 거래로 한 번에 날리고 싶지 않았거든요.

개인이 거대한 다국적 기업을 바꾸는 건 다윗과 골리앗의 싸움처럼 어려운 일일지도 몰라요. 하지만 전 세계에 있는 수십만 명의 시민들이 소비자라는 이름으로 뭉치면 엄청난 변화를 가져올 수 있어요. 우즈베키스탄 목화 밭 아이들을 구하고 싶다면, 서명에 참여해 보는 건 어떨까요?

STEP 1 안티-슬레이버리(Anti-Slavery) 홈페이지에 들어가 주세요

안티 슬레이버리는 '노예제 반대'라는 의미로, 오늘날에도 노예처럼 살아가는 사람들을 구하기 위해 노력하는 시민 단체예요. 안티 슬레이버리 홈페이지(antislavery.org)에 들어가면 상단에 행동하기(Take Action)가 보여요. 여기를 클릭하면, 캠페인(Campaign)이라는 글씨가 나올 거예요. 그중에서 '목화밭에서 일어나는 범죄를 막아 주세요.(End Cotton Crimes)'를 선택해 주세요.

STEP 2 서명을 해 주세요

캠페인 창에 소개된 영상을 보면, 목화 밭에서 어떤 일이 벌어지고 있는지 확인할 수 있어요. 목화밭 아이들이 일을 멈추고, 학교에 돌아갈 수 있기를 바란다면 서명에 참여해 주세요. 방법은 간단해요. 이메일 주소(Email address), 이름(First name)과 성(Sur name)을 적으면 끝이에요. 어렵지 않죠?

오늘은 팜유 없는 날!

기업은 우리 경제에 없어서는 안 될 중요한 존재예요. 생산자들에게는 일자리를, 소비자들에게는 생활에 필요한 상품을 제공해 주기

때문이에요. 전 세계 생산자와 소비자를 연결해 주는 다국적 기업이 사회에 미치는 영향은 어마어마해요. 기업이 윤리적으로 운영된다면 사회가 발전하고, 비윤리적인 일을 내버려 둔다면 수많은 사람들의 인권이 짓밟힐 수 있는 파괴력이 있으니까요.

팜 농장 사례를 들여다보면 기업의 영향력이 얼마나 대단한지 알 수 있어요. 팜 열매 할당량이 턱도 없이 높아, 아이들은 학교를 그만두고 부모 옆에서 열매를 줍고 있어요. 우리가 비윤리적인 팜유를 소비할수록, 생산자를 가난에 빠뜨리는 셈이에요. 이러한 악순환을 어떻게 극복할 수 있을까요? 비윤리적인 팜유를 거부한다는 소비자들의 목소리를 멈추지 않고 들려주는 거예요.

"비윤리적인 팜유를 사용하지 않겠습니다."

2016년 2월 1일, 체코 회사 바이오페카르나 제만카, 세믹스, 나투린카는 의미 있는 약속을 했어요. 시민 단체들은 이 약속을 기억하고, 비윤리적인 팜유를 몰아내고자 이 날을 '팜유

없는 날'로 만들었어요. 회사만이 아니라 시민들도 동참해 준다면 더 큰 변화를 가져올 수 있으니까요. 팜유 없는 날은 효과가 있었을까요?

"팜유 없는 시리얼과 초콜릿을 먹는 체코 사람들이 늘어나고 있어요. 비윤리적인 팜유 사용이 점점 줄어들고 있는 거죠."

팜오일 프리 인터내셔널에 근무하는 마르티나는 이 운동이 체코 사람들에게 긍정적인 영향을 주고 있다고 말했어요. 이 캠페인은 2017년부터 시작됐지만, 온라인을 통해 많은 사람들에게 알려졌어요. 체코를 비롯해 슬로바키아, 폴란드, 포르투갈, 네덜란드 전역에 퍼져 나가 3만 명의 사람들이 참여했거든요. 이 중에는 '팜유 없는 날'을 매일

실천하는 사람들도 있어요.

"저는 가족들을 위해 좋은 음식을 만들려고 노력해요. 그런데 최근 이유식을 사러 갔다가 굉장히 놀란 일이 있었어요. 성분표에 팜유가 들어 있는 거예요. 그걸 보고 저는 지역에서 재배하는 식재료로 직접 이유식을 만들기 시작했어요. 팜유에 얽힌 문제를 알고 있기 때문에 누군가를 다치게 하는 음식을 만들고 싶지는 않았어요."

핀란드에 사는 마리아는 가족을 위해 팜유 없는 음식을 만들고 있어요. 어쩔 수 없이 기름이 필요할 때는 버터처럼 가공되지 않는 기름을 사용한다고 해요. 이렇게 팜유에 대한 시민들의 관심이 많아지자 비윤리적인 팜유를 사용하지 않는 회사도 생겨났어요.

"팜유의 지속 가능성에 대한 고객들의 문의가 많이 오자 저는 2007년도에 인도네시아를 방문했어요. 팜유 업계의 규모만큼이나 그 피해도 엄청나더라고요. 그 뒤로 저희는 팜유를 줄여 나가기로 결정했습니다. 한 예로, 팜유가 들어가지 않은 식물성 기름을 사용하는 제조 업체와 거래를 하고 있죠."

화장품 회사 러쉬에서 윤리적인 재료 구매를 담당하고 있는 시몬 콘스탄틴이 말했어요. 의식 있는 시민들이 많아지자 윤리적인 경영을 하는 회사도 늘어나고 있는 거죠.

우리도 이렇게 팜유 없는 날을 하루, 이틀 실천하다 보면, 비윤리적인 팜유를 줄일 수 있지 않을까요?

STEP 1 팜유가 들어가는 물건을 찾아 주세요

'세계야생동물기금협회'는 팜유가 들어간 물건의 종류 함께 팜유의 또 다른 이름을 소개하고 있어요. 이 목록을 보고, 내가 사용하는 물건에 팜유가 들어 있는 건 아닌지 꼼꼼하게 살펴보세요.

- 팜유가 들어간 상품: 립스틱, 피자 도우, 인스턴트 면, 샴푸, 아이스크림, 세제, 마가린, 초콜릿, 쿠키, 바이오디젤, 비누
- 팜유의 또 다른 이름: 식물성 유지, 식물성 지방, 팜 커널 오일, 팜 오일, 팔메이트, 팔미테이트, 팜 올레인, 글리세린, 스테아르산, 기름야자, 팔미트산, 팜 스테아린, 팔미토일 옥소스테아라마이드, 팔미토일 테트라펩타이드-3, 소듐 라우릴스 설페이트, 소듐 커넬레이트, 소듐 팜 커넬레이트, 소듐 라우릴 락틸레이트, 소듐 라우릴 설페이트, 하이드레이트 팜 글리세아드, 에틸 팔미테이트, 파리틸 알코올

STEP 2 대체할 수 있고, 사용하지 않아도 불편하지 않는 물건을 찾아 주세요

한꺼번에 많은 물건을 바꾸는 것은 쉽지 않아요. 그래서 이 중에 꼭 실천할 수 있는 것을 골라야 해요. 예를 들어, 샴푸 없이 머리를 감는 '노푸'를 실천해 볼 수도 있고, 초콜릿이나 쿠키 대신 다른 간식을 찾아볼 수도 있어요.

STEP 3 1년에 하루, 팜유 없는 날을 실천해 보세요

단 하루 만이라도 팜유 사용을 줄이겠다는 마음으로 실천해 주세요.
하루를 성공했다면, 실천하는 기간을 늘려 보세요.

공정한 초콜릿의 마법

　카카오 농장에서는 인신매매를 당한 아이들이 일을 하고 있어요.
코트디부아르 생산자들이 범죄라는 사실을 알면서도 이 아이들에게
일을 시키는 이유는 가난 때문이었어요. 초콜릿은 비싸지만 카카오는
값이 싸서 절대 빈곤에서 벗어나지 못하거든요. 이 문제를 해결하기

위해서는 카카오 가격을 올리거나, 생산자들도 카카오가 아닌 초콜릿을 만들어 팔 수 있도록 시장의 문을 열어 줘야 해요. 하지만 선진국은 코트디부아르 초콜릿이 국내에서 팔리는 것을 원치 않아요. 국내 기업이 만드는 초콜릿이 인기가 없어질까 봐 무역 장벽을 세워 막고 있는 거죠. 값싼 카카오를 수입하며 자유 시장의 혜택은 누리지만, 무역 장벽으로 다른 나라가 성장하는 걸 막고 있어요.

하지만 너무 절망할 필요는 없어요. 이 문제를 해결할 방법이 있거든요. 불공정한 시장을 공정하게 만드는 공정 무역 상품을 이용하는

거예요. 공정 무역은 생산자들에게 정당한 임금을 주고, 아이들이 일하는 것을 금지하기 때문에 지속 가능한 카카오 생산이 가능하게 만들거든요. 게다가 공정 무역에 참여하는 회사 중에는 생산자들이 만든 초콜릿 회사도 있어요. 우리나라에서도 쉽게 살 수 있는 디바인 초콜릿이에요. 불공정한 자유 시장에 맞서 가나 카카오 생산자들이 만든 기적과 같은 일이에요. 디바인 초콜릿을 먹는 것 자체가 불공정한 자유 시장에서 생산자들이 살아 남을 수 있도록 돕는 일이 되는 거죠.

그렇다면 어떻게 하면 아동 노동이 없는 착한 초콜릿을 알릴 수 있을까요? 재미있는 사진을 찍어 푸짐한 상품도 받고, 사람들에게 좋은 물건을 알리는 사진 콘테스트에 참여해 보세요.

시민 단체 공정 무역 캠페인(Fair Trade Campaigns)은 매년 공정 무역 사진 콘테스트를 열고 있어요. 행사는 10월 한 달 간 온라인을 통해 진행되는데, 방법은 간단해요. 정해진 주제에 맞게 사진을 찍어, SNS에 올리면 되거든요. 공정 무역 상품을 어디서 살 수 있는지, 누가 사고 있는지 사진을 통해 알아보는 의미 있는 활동이기도 해요.

2016년에는 '공정 무역 귀염둥이', '공정 무역 상품은 어디에 있을까?', '움직이는 공정 무역', '공정한 상품을 나눠 주세요.' 이렇게 4가지 주제로 진행됐어요. 푸짐한 상품도 주어져요. 매주 인기가 많은 사진을 골라 17만 원 상당의 공정 무역 상품을 보내 주거든요. 그리고 최

종 우승자에게는 직접 해외에 있는 공정 무역 생산자를 만날 수 있는 기회가 제공되기도 해요.

2016년 우승은 미국 세인트 요세프 대학에 다니는 학생들에게 돌아갔어요. 주제에 맞춰 4장의 사진을 올렸는데, 그중에 귀여운 강아지 헨리가 공정 무역 제품에 둘러싸여 컵에 얼굴을 넣고 있는 사진이 우승을 차지했어요. 사진 촬영을 이끌었던 베키 워드와 헤일리 밀러는 생산자를 만나러 에콰도르에 갔어요. 이 캠페인에 참여했던 학생들은 무엇을 느꼈을까요?

"함께 참여했던 친구들이 정말 자랑스러워요. 사진 콘테스트를 성공적으로 해냈잖아요. 프로젝트를 진행하는 내내 정말 즐거웠어요. 덕분에 더 친해지게 됐어요."

여러분도 돌아오는 10월에는 공정 무역 사진 축제에 참여해 보는 건 어떨까요?

STEP 1 공정 무역 초콜릿과 함께 사진을 찍어 주세요

공정 무역 캠페인이 정해 주는 주제에 맞춰 10월 한 달 동안 매주 한 장의 사진을 찍어 주세요. 공정 무역 초콜릿은 온라인을 통해서 쉽게 구매할 수 있어요. 가격과 디자인을 비교해서 자신에게 맞는 상품을 선택해 보세요. 공정 무역 초콜릿을 살 수 있는 가게를 참조해 주세

요.

- 아름다운커피 (beautifulcoffee.com)
- 공정 무역 피스커피 (peacecoffee.co.kr)
- 아이쿱 생협 (icoop.or.kr)
- 두레 생협 연합 (ecoop.or.kr)
- 페어트레이드코리아 그루 (fairtradegru.com)

STEP 2 사진을 SNS에 올려 주세요

사진은 공정 무역 캠페인 페이스북(Fair Trade Campaigns)에 직접 올리거나, 자신이 사용하는 SNS에 올리면 참여할 수 있어요. 후자의 경우, 해쉬태그(#FTCampaigns)를 꼭 달아 주세요. 그래야만 사진이 접수 되거든요.

STEP 3 사진을 친구들과 공유해 주세요

콘테스트에 지원한 사진을 친구들에게 공유해서, 공정 무역 초콜릿도 알리고 투표율도 높여 보세요. 높은 투표를 받아야 우승 확률이 높아지거든요.

꼬마 시민 카페

모두가 행복한 영국 공정 무역 마을

"전 세계 최초로 공정 무역 마을이 탄생했습니다!"

2001년, 영국 랭커셔주의 조그만 도시 가스탕은 전 세계의 주목을 받았어요. 마을 주민이 힘을 합쳐 세계 최초의 공정 무역 마을을 만들었거든요.

공정 무역 마을은 주민들이 공정 무역 제품을 이용하고 공정 무역을 적극 알리는 일에 동참하는 마을이에요. 브루스 크라우더는 오랜 시간 마을 주민들을 설득했어요. 포기하지 않는 브루스의 모습을 보고 마을 주민들은 공정 무역 상품을 사용하겠다는 계획에 동의를 했죠. 그 후 지방 의회의 승인을 받아 마을의 모든 기관과 학교, 상점에서 공정 무역 상품을 판매하고 있어요.

첫 번째 공정 무역 마을이 만들어진 뒤, 어떤 변화가 있었을까요?

이 소식은 세계 곳곳으로 퍼져 갔어요. 그 결과 지금은 29개국에 1,890개의 공정 무역 마을이 생겨났어요. 브루스는 공정 무역 마을이 많은 관심을 받게 되자 놀라움을 감추지 못했어요.

"저희는 그저 공정한 무역으로 다른 나라 생산자를 돕고 싶었을 뿐입니다.

이렇게 많은 나라 사람들이 참여할 줄은 꿈에도 생각 못했어요.

점점 윤리적인 소비를 하는 사람들이 늘어나다니 놀라울 따름입니다."

공정 무역에 종사하는 사람들도 변화를 느끼고 있다고 말하고 있어요.

예전에는 공정 무역 물건을 찾는 사람이 없어 마트에 진열하는 것조차 힘들었는데,

이제는 소비자들이 공정 무역 물건을 찾고 있거든요. 다행히 우리나라에도

공정 무역 마을이 조금씩 생기고 있지만, 아직 많지는 않아요.

우리가 살고 있는 지역이 윤리적으로 변하도록 노력해 주세요.

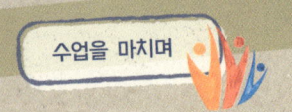

수업을 마치며

우리가 바뀌면, 세상이 달라져요

지금까지 방글라데시 옷 공장, 우즈베키스탄 목화밭, 인도네시아 팜 농장, 코트디부아르 카카오 농장에서 일하는 아이들의 이야기를 들었어요. 친구들의 사연을 들을 때 어떤 느낌이 들었나요? 아동 노동이 부당하다는 생각에 두 주먹을 불끈 쥐었나요?

처음 수업을 시작할 때는 '일하는 아이들은 불쌍하지만, 나랑은 무슨 상관이야?'라고 생각했을지도 몰라요. 그런데 수업을 들으며 우리가 쓰는 물건이 서로 이어져 있다는 것을 알게 됐어요. 일상 생활에서 사용하는 물건의 개수만큼이나 지구별의 누군가와 연결돼 있는 거예요. 그저 우리 눈에 보이지 않을 뿐이죠. 책을 읽는 이 순간에도 지구별에 사는 1억 6천8백만 명의 아이들이 꿈을 빼앗긴 채 일터로 향하고 있어요. 아이들이 일해야만 하는 이유는 무엇일까요?

첫째, 저렴한 가격과 빠르게 옷을 만드는 패스트 패션 산업 구조가 원인이에요. 최신 유행의 옷을 낮은 가격으로 원하는 소비자들의 욕구를 충족시키려고 기업은 옷 공장에 무리한 주문을 하고 있어

요. 이 때문에 이름 없는 그림자 공장에서 아이들이 일을 해야만 해요.

둘째, 세계화가 만들어 낸 불투명한 생산 과정 때문이에요. 어느 물건에 팜유가 들어 있는지, 어떻게 만들어지는지 알 길은 없어요. 그래서 다국적 기업이 강제 노동을 서슴지 않아도 도저히 막을 길이 없는 거예요. 그 결과 생산자들은 목표량을 채우지 못해 불이익을 당할까 무서워서 아이들까지 데려와 일을 하고 있어요.

셋째, 불공정한 이익 분배와 무역 장벽 때문이에요. 카카오 생산자들은 절대 빈곤에 처해 있어서, 잘못이라는 것을 알아도 인신매매를 당한 아이들을 데려다 일을 시켜요. 생산자들에게 정당한 몫을 주거나, 이익이 많이 남는 초콜릿을 만들 수 있는 환경이 만들어진다면 빈곤에서 벗어날 수 있을 거예요.

넷째, 다국적 기업이 시민의 자유를 빼앗는 독재 정부를 지원하기 때문이에요. 우즈베키스탄 정부는 가을마다 아이들에게 목화 수확을 강요해요. 다국적 기업은 이 사실을 알고 있지만 목화를 사들이며, 독

재 정권이 지속하는 데 일조하고 있어요.

아이들이 일하는 배경에는 이렇게 다양한 원인이 숨어 있는데, 이 원인들에 공통점이 있어요. 바로 '사람보다 돈이 더 중요해!'라는 잘못된 생각이에요. 욕심 많은 정부와 회사들은 더 싸게 물건을 만들어 이윤을 많이 남기려고 불법인 걸 알면서도 싼 임금에 아이들을 고용하는 거예요.

이러한 문제는 회사와 정부만 책임이 있는 건 아니에요. 세계화로 다양한 물건을 저렴한 가격에 사는 소비자들 역시 자유로울 수는 없어요. 문제가 있다는 것을 알면서도 눈 감는다면, 아이들은 농장과 공장을 벗어나지 못할 거예요. 아이들에게 웃음을 되찾아 주기 위해 우리는 무엇을 해야 할까요? 그건 바로 물건을 만들어지는 과정에 귀를 기울이는 거예요. 내 물건이 어느 나라에서 그리고 누가 만드는지 알아야만, 행동할 수 있으니까요.

"모든 아이들에게는 마음을 울리는 주제가 있어요. 그런데 사회는

계속해서 우리가 세상을 바꿀 힘은 없다고 말해요. 행동하기 위해서 어른이 될 때까지 기다려야 한다고 말하죠."

캐나다의 12살 소년 크레그와 10명의 친구들이 만든 국제 시민 단체인 위 채러티는 '나는 어려서 할 수 있는 게 없다.'고 생각했던 전 세계의 수많은 아이들에게 영감을 불어 넣었어요. 그는 인도 총리에게 9천 명의 서명을 받은 종이를 전해, 노예처럼 일하는 아이들을 구하느라 감옥에 갇힌 카일라시 아저씨를 풀려나게 했어요. 세상을 바꾸는 데 필요한 것은 나이가 아니라, 열정이라는 것을 증명해 보였지요. 현재 위 채러티는 38개 나라에 있는 20만 명의 아이들과 함께 활동하고 있어요.

어때요, 이제 조금 용기가 생기나요? 그렇다면 오늘부터 아이들을 구할 수 있는 행동에 참여해 보세요. 여러분의 작은 행동이 세상을 바꾸는 씨앗이 될 테니까요.

세계 시민 수업 ❹ 아동 노동
세계화의 비극, 착취당하는 어린이들

초판 1쇄 발행 2017년 9월 20일 | **초판 6쇄 발행** 2022년 10월 17일
글쓴이 공윤희, 윤예림 | **그린이** 윤봉선
펴낸이 홍석 | **이사** 홍성우 | **편집부장** 이정은 | **편집** 김세영·박고은·조유진 | **디자인** 권영은 | **외주디자인** 권승희
마케팅 이송희·한유리·이민재 | **관리** 최우리·김정선·정원경·홍보람·조영행·김지혜
펴낸곳 도서출판 풀빛 | **등록** 1979년 3월 6일 제2021-000055호
주소 서울특별시 강서구 양천로 583 우림블루나인 A동 21층 2110호
전화 02-363-5995(영업) 02-362-8900(편집) | **팩스** 070-4275-0445
전자우편 kids@pulbit.co.kr | **홈페이지** www.pulbit.co.kr
블로그 blog.naver.com/pulbitbooks | **인스타그램** instagram.com/pulbitkids

ⓒ 공윤희, 윤예림, 윤봉선 2017
ISBN 979-11-6172-014-2　74330
ISBN 978-89-7474-114-3 (세트)

사진 저작권　10쪽 ⓒ StanislavBeloglazov / Shutterstock.com　29쪽 ⓒ StevenK / Shutterstock.com
107쪽 ⓒ AngelaLouwe / Shutterstock.com

이 도서의 국립중앙도서관 출판시도서목록(CIP)은 서지정보유통지원시스템 홈페이지(http://seoji.nl.go.kr)와
국가자료공동목록시스템(http://www.nl.go.kr/kolisnet)에서 이용하실 수 있습니다.
(CIP제어번호: 2017021465)

＊책값은 뒤표지에 표시되어 있습니다.
＊잘못된 책이나 파본은 구입하신 곳에서 바꿔드립니다.

품명 아동 도서	**제조년월** 2022년 10월 17일	
사용연령 10세 이상	**제조자명** 도서출판 풀빛	
제조국 대한민국	**연락처** 02-363-5995	
주소 서울특별시 강서구 양천로 583 우림블루나인 A동 21층 2110호		
주의사항 종이에 베이거나 긁히지 않도록 조심하세요. 책 모서리가 날카로우니 던지거나 떨어뜨리지 마세요.		
KC마크는 이 제품이 공통안전기준에 적합하였음을 의미합니다.		

볼로냐 라가치 상 논픽션 대상 수상작
내일을 위한 책 시리즈

볼로냐 라가치 상 대상 수상

올바른 사회를 만들어 가기 위해
내일의 주인공인 어린이들이 꼭 읽어야 할 책!

독재, 사회 계급, 민주주의, 여자와 남자(양성평등) 등 사회적, 정치적 주요 주제들에 대해 어린이들이 열려 있도록 도와주고 그들이 만들 '내일'이 어떤 것이어야 하는지를 진지하게 생각해 보게 해 줍니다.

1권   독재란 이런 거예요

독재와 독재자가 무엇인지 그리고 독재 정부는 어떤 것인지 아이들의 눈높이에 맞춰 쉽게, 그러면서도 분명하게 설명합니다. 이름뿐인 민주주의를 구분하는 눈도 갖게 해 줍니다.

플란텔 팀 글 | 미켈 카살 그림 | 김정하 옮김 | 배성호 추천 | 48쪽 | 12,000원

2권   사회 계급이 뭐예요?

모든 사람은 평등하게 태어나지만, 힘이나 권력, 돈 등은 사람들을 불평등하게 만듭니다. 사회 계급이 왜 생겼는지, 각 계급의 특징은 무엇인지 그리고 각 계급 간의 관계는 어떠한지에 대해 설명합니다.

플란텔 팀 글 | 호안 네그레스콜로르 그림 | 김정하 옮김 | 배성호 추천 | 48쪽 | 12,000원

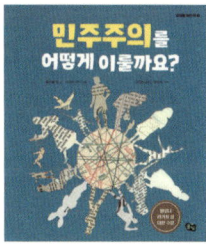

3권   민주주의를 어떻게 이룰까요?

우리가 이루고자 끊임없이 노력해야 하는 것, 민주주의에 대해 이야기합니다. 아이들에게 어려운 개념일 수 있는 민주주의를 아이들에게 익숙한 '놀이'에 비유하며 쉽게 접근할 수 있게 합니다.

플란텔 팀 글 | 마르타 피나 그림 | 김정하 옮김 | 배성호 추천 | 48쪽 | 12,000원

4권   여자와 남자는 같아요

우리 사회에 아직도 존재하는 남녀 차별과 우리가 이루어야 할 양성평등에 대한 이야기입니다. 여자와 남자는 거의 모든 면에서 똑같은 존재이며, 동등한 권리를 가졌다는 것을 알려 줍니다.

플란텔 팀 글 | 루시 구티에레스 그림 | 김정하 옮김 | 배성호 추천 | 48쪽 | 12,000원